高职高专公共基础课系列教材

U0617348

大学生安全教育

主　编　韩　娟

副主编　徐　宁　江　南

参　编　黄咸书　林志斌　卢小松

　　　　张志华　杨文才　陈诗淼

　　　　吴　钢　何用辉　林国振

　　　　钟玉梅　王雅洁

西安电子科技大学出版社

内 容 简 介

　　学生安全教育是学校教育的重要组成部分，在教学中占有重要的地位。本书系统介绍了大学生安全教育的重要性和安全常识，讲述了各种安全危机的预防与应对方法。全书分为理论篇、预案篇、法规篇三部分，具体包括平安校园、安全常识、公共安全、自然灾害应对、校园突发事件应对以及国家、教育部出台的与安全相关的法律法规等内容。

　　本书既可作为高等院校安全教育课程的教材，也可作为社会各界人士了解安全常识的参考资料。

图书在版编目(CIP)数据

大学生安全教育 / 韩娟主编. —西安：西安电子科技大学出版社，2021.11
ISBN 978-7-5606-6121-6

Ⅰ. ①大… Ⅱ. ①韩… Ⅲ. ①大学生—安全教育—高等学校—教材 Ⅳ. ①G641

中国版本图书馆 CIP 数据核字(2021)第 134955 号

策划编辑　李鹏飞　李　伟
责任编辑　孙雅菲　李鹏飞
出版发行　西安电子科技大学出版社(西安市太白南路 2 号)
电　　话　(029)88202421　88201467　　　邮　　编　710071
网　　址　www.xduph.com　　　　　电子邮箱　xdupfxb001@163.com
经　　销　新华书店
印刷单位　广东虎彩云印刷有限公司
版　　次　2021 年 11 月第 1 版　　2021 年 11 月第 1 次印刷
开　　本　787 毫米×1092 毫米　1/16　印　张　11
字　　数　199 千字
印　　数　1～11 000 册
定　　价　35.00 元

ISBN 978-7-5606-6121-6 / G

XDUP 6423001-1

***** 如有印装问题可调换 *****

前　言

大学生是祖国的未来、民族的希望。随着我国高等教育事业的蓬勃发展和各项改革的不断深化、学校规模的不断扩大和学校数量的不断增加，校园安全问题越来越严峻。学生平安、顺利地完成学业，健康成才，成功走向社会，成为各校努力的目标。

大学生活对于每一位学子来说都是一段美好又难忘的时光，美好的大学时代是人生中最活跃、最富朝气的时期。大学生在享受大学生活的同时，还要关注自身的安全问题，因为安全是一个大学生完成学业的重要保证，是每一位大学生健康成长的基本条件。

"安全第一"的思想不单是学校办学的基本要求，也是建设和谐校园的基本要求，更是社会各行各业的基本需要。现实生活中，自然灾害、事故灾难、社会安全事件和突发公共卫生事件等随时会干扰大学生的正常生活，危及他们的安全。受校内外各种因素的影响，涉及大学生的各种安全事故和案件频频发生。大学生安全知识缺乏，遇险自救能力较差，学校周边环境日趋复杂，高校的安全保卫工作仍然面临着严峻的挑战。

大学生在校期间不仅要学习专业知识，提高实践能力，更要提高自身素质，实现全面发展。掌握安全知识与技能，不仅能使大学生识别出身边的危险，掌握避险和逃生的技能，而且能在他人遇到危难时给予帮助。保证安全不仅是一种能力，更是个人素质的集中体现。

本书内容理论与实践相结合，编排布局合理。全书围绕高校安全教育工作中的常见问题展开，对安全常识、公共安全知识、自然灾害应对方法、校园突发事件应对策略等进行了介绍，同时还专门对相关的法律法规进行了介绍，大部分章末设置了相应的练习题，并在附录中给出了练习题的参考答案，以帮助大学生了解和学习各种安全知识，提高大学生的自我防范意识和能力。

由于时间仓促，书中不足之处在所难免，恳请读者批评指正。

编　者
2021 年 7 月

目　录

理　论　篇

预案篇

法 规 篇

理论篇

第1章 平 安 校 园

1.1 校园安全概述

安全是人类在生存和发展活动中的基本需要之一，关系到个人生命财产的安危，关系到家庭幸福，关系到社会的和谐稳定。人类在不断发展进化的同时，不仅一直与生存发展活动中所存在的安全问题进行不懈的斗争，而且为了保障社会安定、和谐发展、后继有人，特别重视对年轻一代的安全教育。

近年来，党和政府高度重视维护大学生的安全与合法权益，把对大学生进行安全教育、依法治校确定为学校各级领导的法定义务，从而推动了大学生安全教育工作。当今，安全教育已成为青年学生健康成长过程中必不可少的一个重要环节。高校安全规范有序的教育和管理是学生受到良好教育的保障，是国家与社会发展和培养具有良好道德情操、理论知识与专业技能的优秀人才的基础。积极展开安全管理与教育工作、注重学生的身心安全是高校的首要职责。

校园安全与师生、家长和社会都有着密切的关系。从广义上讲，校园事故是指学生在校期间，由于某种突发的因素而导致的人为伤害事件。就其特点而言，一般是因为责任人疏忽大意或失职(不是因为故意)而导致的。

校园安全是学校进行正常教学、构建和谐平安校园的基础，安全的校园环境能够消除和预防可能发生的各种安全隐患或重大事故，确保师生的人身安全。

一、校园安全事件

所谓校园安全事件，是指在事先未预警的情况下围绕学校发生的，可能直接或间接威胁到学校正常的教学生活秩序，并会带来不良后果(比如伤害学校师生，破坏学校教学设施，损害学校形象和声誉等)，而以学校现有的人力与资源难以立即有效解决的紧急事件。从广义上讲，校园安全事件是指学生在校期间，由于某种偶然突发的因素而导致的伤害事件。校园安全事件既有一般事件所具有的共性，又有其自身的特点。就其特点而言，校园安全事件分为两类：一是责任人因为疏忽大意(不是因为故意)而导致的事故；二是外部暴力袭击校园导致的伤害事件。

二、如何应对校园安全事件

在发生校园安全事件时，首先要冷静，然后可以通过以下几点进行应对：

(1) 第一时间拨打 110 报警电话并向老师或辅导员、值班领导干部报告。

(2) 积极面对事件的真实情况，稳定情绪，服从学校指挥。

(3) 保护现场，做好当事人和见证人的书面材料的收集和整理工作，配合警方调查。

(4) 采取有效安全措施保护自己和他人。

(5) 以最快的速度协助老师将伤员就近送往医院进行抢救，并帮助通知伤员的家长或亲属。

(6) 在警方、老师的指导下帮助维持秩序，协助做好善后处理工作。

1.2　创建平安校园

校园安全包含所有学生在学校里有可能受到伤害的方面，校园安全若没有保障，可能会造成严重后果：有的学生会因此失去生命或终身残疾，有的学生会因此在心灵上留下阴影。造成校园安全事件的一部分原因是在校学生的世界观、人生观尚未完全形成，很容易受周围环境不良因素的影响，缺乏法治观念，自我约束力差，是非观念不清，遇事不够冷静，容易感情用事等。

一、什么是平安校园

所谓平安，《现代汉语词典》解释为"没有事故，没有危险；平稳安全"。这是狭义的平安。广义的平安是"大平安"，指的是社会太平，百姓生活安康，在学校是指校园安全、稳定、和谐发展。广义上的平安校园指的是利用各种人防、物防以及技防措施，减少校园事故的发生。

平安校园内涵丰富，它既是校内治安良好的狭义"平安"，又是涵盖校内思想政治、饮食、交通、医疗、消防、网络等方面的广义"平安"。因此，平安校园是一项系统工程，需要全校师生员工共同努力，齐抓共管，常抓不懈，做到四个确保(确保校内治安状况良好，确保教学生活秩序井然，确保教职员工安居乐业，确保学子专心向学)。

二、创建平安校园的意义

校园平安好读书。一位在校大学生是这样说的:"校园平安关系到每个同学的切身利益,校园平安了,我们才能静下心来认真读书。"学校不是沙漠中一块安定独立的绿洲,而是整个社会大环境中的一部分,始终会受到外部环境的影响。校园安全问题常常被人们忽略,学生物品被盗,宿舍违章用电,饮食不够卫生,校园内飙车、打架斗殴、酗酒等时有发生。"安全"作为人的"需求五层次"之一,其重要性是显而易见的。创建平安校园要坚持以人为本的原则,以师生员工的生命和财产安全为重点,以提高师生员工的安全意识为核心,以实现"要我安全"向"我要安全,我会安全"转变,人人讲安全,个个都参与,做到"治之于未乱,防患于未然"。

三、创建平安校园的主要措施

平安校园的创建应该从以下几方面着手:

(1) 坚持校园安全通报制度。填写校园安全通报记录表,及时发现与整改校园内存在的安全隐患,保障师生员工的生命和财产安全。

(2) 设立校园安全岗,细化安全责任制,建立校园安全岗巡视制度,维持校园安全秩序,杜绝课间安全事故的发生。

(3) 签订安全责任书,强化安全责任意识,避免因安全意识薄弱而产生的安全隐患。

(4) 强化校园安全文化建设,设置形式多样、教育意义显著的安全警示牌和标语。

(5) 定期组织开展不同类型的安全逃生演练活动,讲解在遇到重大险情时的疏散、自救方法,在潜移默化中锻炼与提高师生员工遇到紧急问题时的应对能力及自我保护能力。

(6) 创新安全教育形式,通过丰富多彩、形式新颖的安全教育活动,提高学生的安全素质,增强其自护防范意识。

四、创建平安校园的注意事项

学生在参与创建平安校园时应注意以下几点:

(1) 注意课间安全。课间不做剧烈活动,避免造成各种伤害事故;上下楼梯靠右走,不骑坐楼梯扶手,不攀高爬墙,不拥挤,不抢道;不在教学楼里打球、踢球,不乱扔各种物品。

(2) 加强安全意识。在进行体育活动、实验课、社会实践及其他户外活动时要严格听从老师的指挥,严格遵循操作规程,不擅自行动。

(3) 遵守交通秩序。过马路要走人行横道，做到"宁等 3 分钟，不抢 1 秒钟"，不坐超载车，不坐无牌无证车。

(4) 讲究饮食卫生。尽量不在校外的摊点就餐，养成良好的卫生习惯。

(5) 遵守用电用火管理规定，爱护消防设施和电器设备，认真做好防火、防震、防触电及防侵害等工作。

(6) 学会自护自救，不断提高防御能力，遇到突发事件要冷静对待，积极维护校园安全。

五、远离低俗恶俗文化

校园文化是学校发展的灵魂，是凝聚人心、展示学校形象、提高学校文明程度的重要体现。校园文化对学生的人生观、价值观产生着潜移默化的深远影响。平安校园文化建设可以极大提升学校的文化品位。古人云："近朱者赤，近墨者黑。"有位哲人也曾说过："对学生真正有价值的东西，是他周围的环境。"平安校园文化是一所学校综合实力的反映，是学校发展的重要保证。

低俗恶俗文化主要是指媚俗、庸俗、低俗的文化现象，如情感缺失、跟风炒作、权力寻租、盲目崇拜等。当前，校园文化中存在着一些"娱乐性内容多，启迪性内容少"的反常现象。

1. 校园低俗恶俗文化对学生的危害

校园低俗恶俗文化对学生的影响十分恶劣，主要表现在以下方面：

(1) 消解了德育功能，扰乱了学生的思想。

(2) 危害学生的身心健康。

(3) 影响学生正常的学习与生活。

2. 抵制校园低俗恶俗文化的对策

为了抵制校园低俗恶俗文化，学生应该做到以下几方面：

(1) 牢固树立科学的世界观、人生观和价值观，不断提高自身的文化品位和分析鉴别能力，增强自身抵御不良文化影响的免疫力。

(2) 积极弘扬和继承自强不息、威武不屈等中华民族优秀传统文化中的精髓，提高自己的思想道德素质。

(3) 积极参加各种校园文化建设活动。积极参与各种社团、兴趣小组，开展古诗词、书法、国画等传统文化活动，培养对优秀传统文化的热爱，营造平安校园的文化氛围。例如，参加每周的升国旗仪式；参加各种爱国主义教育活动；参加"爱祖国""爱家乡"

"爱班级"等主题活动；参加各种有益身心健康的社会实践活动(如说一段感言，做一件好事等)。

1.3 大学生安全教育及其意义

大学是培养人才的基地，通过大学学习，学生不仅需要掌握专业知识和技能，更要全面提升综合素质，建立起科学的世界观、人生观、价值观，处理好知识、智力、素质与个人发展之间的关系，适应未来社会的需要。专业知识与技能的学习只是大学生学习的一个方面，掌握一系列安全常识与技能也是一个重要的学习内容。加强大学生安全教育，增强大学生的安全知识，强化大学生的安全意识是十分必要和紧迫的，高校应以对党和国家、人民负责的精神，切实加强安全教育工作，并将这项工作当作一件大事抓实抓好。

一、大学生安全教育的内容

大学生安全教育的内容主要是指与大学生的生活、学习密切相关的安全方面的内容，并不泛指所有的安全内容。

1. 大学生安全法规和校纪的责任教育

大学生安全法规与校纪的责任教育，目的是要让大学生明确自身应当承担的与安全相关的责任。我国的法律规定，公民年满 18 周岁就是完全民事行为能力人。除极少数大学生外，绝大部分大学生都年满 18 周岁，因此，他们具有完全民事行为能力，需依法对自己的行为承担责任。大学生在预防安全事故、防止危险侵害方面应当积极作为，即采取适当行为或措施进行防范，以减少危险侵害发生的概率，减轻受到侵害或损伤的程度。大学生在预防安全事故、防止危险侵害方面应当作为而没有作为时，对造成人身伤亡、财产损失等后果应当承担相应的责任。大学生安全责任教育的目的是引导大学生关注法律法规和校纪校规，了解法律法规和校纪校规的基本概念，明确法律法规、校纪校规与安全的关系，增强大学生的法律意识以及遵纪守法的道德观念和自觉性，规范其行为。

2. 大学生安全知识教育

大学生安全知识教育的类型是与大学生生活、学习密切相关的。第一类是意识形态领域的知识教育，主要包括政治安全和文化安全知识教育，目的在于防止大学生抛弃社会主义意识形态而接受西方资本主义意识形态，犯政治上的错误，走到危害国家安全的道路上去；第二类是法律法规知识教育，主要包括交通安全、网络安全等方面的法律法规与校纪校规及维护自身权益的知识教育，目的在于使大学生知法守法，用法律来维护自身的权益，避免因违法导致受到法律的制裁和因违法带来的人身伤害、财产损失；第三类是日常安全常识教育，主要包括消防安全、财产安全、人身安全、社交安全、公共安全等方面的知识教育，其目的是使大学生熟悉安全常识，增强安全意识，避免人身伤害、财物受损伤；第四类是心理安全基本常识教育，即心理健康知识教育，其目的在于增强自身调节心理、情绪的能力，建立正确的人生观、健康的心态，培养珍惜、尊重和热爱生命的积极态度，避免自杀、变态行为等的发生。

3. 大学生安全技能教育与实践

安全技能与安全知识在内容上有交叉重叠的部分，但安全技能不等同于安全知识。安全知识是基础，安全技能是更高的要求。安全技能包含两层含义：一是与专业岗位上要求的操作技能相关的安全技能，指在实习、实验中避免因违章操作而造成安全事故的能力（包括未来工作岗位的专业要求）；二是在自然灾害、公共卫生和社会突发安全事件等面前的一般应对能力。大学生安全技能教育主要包括在交通安全、人身安全、公共安全中的避险能力，在消防安全中的灭火与逃生自救能力，在应激情景状态下的心理承受能力和应变能力。这些避险、自救、应变能力需要通过学习才能获得，更需要通过实践才能提高，进行安全技能教育与实践的目的在于提高大学生的自我保护能力，增强大学生保护自己和他人不被伤害的意识。

二、大学生安全教育的途径和方法

大学生安全教育的途径和方法主要有以下三种：

1. 课堂教育

课堂教育是教学中常用的方法，具有科学性、思想性、计划性、系统性和逻辑性等特点。课堂教育可以采用如下几种形式进行：计算机多媒体教学，实物演示，典型案例分析，研讨式、演讲式、座谈式、参观式、竞赛式教学等。

随着社会的发展变化，新兴行业的产生和传统行业的快速发展，影响大学生安全的因素日益增多，大学生具备一定的安全防范知识和能力已是必然要求。简单宣传一些安全常识显得苍白无力，不能满足大学生适应社会的需要，通过课堂教育方式对大学生进行全面、系统、科学、完整的安全知识教育越来越迫切。编写大学生安全教育教材，通过课堂这个平台对学生进行安全知识教育，体现了安全教育顺应时代发展的要求，也是培养人才的需要。

2. 实践教育

实践教育包含三个方面的内容：一是模拟危险场景演练，让大学生置身其中，自救逃生；二是到事故现场参观感受；三是参与学校安全管理。课堂教学如果不经过实践，难免体会不深、记忆不牢、重视不够。安全知识一问都知，但疏忽防范的现象比较普遍，主要原因是没有经过实践，一次模拟演练、一个触目惊心的灾难场面给人留下的深刻印象远远强于多次的说教。一次演练或现场感受的经历往往会成为今后一生的经验教训，铭刻于心，并化作自觉的防范行为。此外，大学生还要经常参与安全技能实践，遇险时才能灵活正确应用，从而规避不法侵害或意外伤害。

3. 自我教育

在大学生学习、生活过程中，安全事故、危险等并非时时刻刻都有，也并非每个人都会亲身经历，大学生在思想上常常松懈麻痹，因此，必须通过大学生自我管理、自我学习、自我教育，把安全教育贯穿于在校的全时段、全方位，做到安全问题年年讲、月月讲、天天讲，还可以在老师的引导下，既突出不同时期某个防范重点，又宣传一般知识，寓教于乐，使安全知识和信息通过潜移默化的方式深入被教育者心中。对在安全工作中成绩显著的单位和个人进行表扬、鼓励和肯定；对在安全工作中做得不够的单位和个人进行批评、惩罚和教育。在实施奖惩教育时，应当以奖为主，以罚为辅。

三、当前大学生缺乏安全防范意识的主要表现

据统计，高校校园案件居高不下，且呈连年上升势头，除了犯罪分子活动猖獗以及内部防范相对薄弱等原因以外，在校大学生本身缺乏安全防范意识也是重要原因之一，主要表现在以下几个方面：

(1) 自我管理能力较差。无论在宿舍还是在教室、图书馆、体育馆(场)、食堂等公共场所，贵重物品随意摆放，为犯罪分子"顺手牵羊"作案提供了条件。因为这些场所人员流动快，现场易破坏，案发现场难以保护，犯罪分子留下的痕迹很难锁定，破案困难，所以，这些场所是犯罪分子经常作案的地方。

(2) 出入宿舍不注意关锁门窗，给犯罪分子提供可乘之机。从目前高校发生的案件看，一是在盗窃案件中，入室盗窃案件居多；二是教学区和学生宿舍发案多，因为教室和宿舍主要是学生学习和居住的地方，人员密集，存放贵重物品集中，是犯罪分子作案的主要场所。大学生思想上缺乏保护财物的意识，离开宿舍时往往不注意关锁门窗，给犯罪分子创造了作案的条件。

(3) 轻信不熟悉的人。大学生缺乏社会经验，有时会轻易相信陌生人的话，而且轻率地向陌生人谈起自己或者自己的亲属、朋友、同学的有关情况；有的学生把陌生人带到学校甚至宿舍，结果不但自己上当受骗，还连累了其他人，甚至波及学校；还有的学生轻信他人，随意离开学校，结果上当受骗，甚至受到伤害。

四、大学生安全教育的必要性

政府及各级教育、公安等行政部门对高校安全教育一直十分重视。在针对加强高校安全保卫工作的文件中，都明确要求加强高校安全教育，提高师生员工的安全防范意识和能力。同时我们也应该看到，高校要为改革和发展提供稳定的政治局面和安定的高校环境，加强高校安全教育也是一个不可缺少的重要环节。

(1) 大学生安全教育是建设中国特色社会主义理论的重要内容之一。

在党和政府的重大决策中明确指出："必须把教育摆在优先发展的战略地位，努力提高全民族的思想道德和科学文化水平。"我们在理解上述有关教育问题的论述中应清醒地看到，在保证大学生良好的学习环境，培养高素质的现代化人才的过程中，对大学生进行全面的安全教育也是这一理论的应有之义，是大学生成长的重要保障。

(2) 对大学生进行安全教育是维护稳定的需要。

随着市场经济不断建立，稳定各方利益主体已成为我国社会主义建设中的重大问题，没有稳定的社会局面，就不会有我国经济的持续、稳定、快速发展，没有稳定的社会局面，我国综合国力的提升就会受到阻碍。要保持稳定就离不开对大学生的安全教育。青年学生是社会的未来，是当今社会的中坚力量，青年的素质标志着一个民族的素质。高校是优秀青年的聚集地，也最容易成为国内外反动势力争夺的前沿阵地。因此，应加强对大学生的安全教育，提高其防患意识和防患技能，使他们在政治上保持清醒的头脑，站稳立场，不受诱惑；在思想上提高对安全工作的重视，预防不安全事件的发生；在行动上能自觉地为维护学校稳定、维护社会稳定做积极的贡献。大学生安全教育不是说几句话、出台几个规定和办法、制订几个计划、上几堂课、开几次会就能完成的，而是要有领导、有组织、有内容、有步骤、有措施才能完成，是一个系统的实施过程。对大学生进行安全教育，一方面是维护学校稳定的需要，建立安全稳定的学习、生活、工作秩序是每个青年学生的愿望，也是青年学生得以完成学业的外部环境保证；另一方面，学校稳定健康的小环境又可对社会的大环境产生积极影响，从而使社会秩序沿着良性的轨道发展。所以我们说，稳定的社会环境需要大学生安全教育，大学生安全教育是社会稳定的前提和保障。

(3) 大学生安全教育是社会治安综合治理的需要。

当前，社会存在较大的不稳定因素，这是社会转型期错综复杂矛盾的综合反应，是社会各种矛盾的体现，对社会治安实行综合治理是解决我国社会治安问题的根本办法和策略。要完成社会治安综合治理任务，达到其要求和目标，就必须运用政治手段、经济手段、行政手段、法律手段、文化手段、教育手段等来进行治理。教育在其中具有不可替代的作用。而大学生安全教育则应是整个教育中的重要环节，甚至是关键环节。社会治安综合治理是一个系统工程，在这个系统里，缺了哪一环或哪一环比较薄弱，系统都不能正常运转或运转不灵，从而也达不到综合治理和预期目标。大学生是国家未来建设的主体，对大学生进行安全教育，一方面可使这些未来社会的主导力量具有自我防范意识和自我安全保卫能力，能承受各种打击；另一方面，可使他们牢固树立法治观念和安全意识，不去做违法乱纪的事情和危害公共安全的事情，并以自己的良好行为影响周围的人，这对于深化综合治理的内涵和扩大综合治理的结果有很大的帮助。可以说，大学生安全教育不但是社会治安综合系统工程中不可缺少的重要环节，也是这个系统工程的润滑剂，可以推动社会治安综合治理系统工程的有效运转，是社会治安综合治理的需要。

(4) 大学生安全教育是学校安全工作的重要组成部分。

2002 年 12 月 18 日，教育部与公安部联合发出《教育部、公安部关于加强高校安全保卫工作的通知》(教社政〔2002〕11 号)，文件强调"贯彻落实党中央、国务院的指示精神，切实加强高校安全保卫工作"。在 2016 年 12 月 16 日经教育部 2016 年第 49 次部长办公会议修订通过的《普通高等学校学生管理规定》(中华人民共和国教育部令第 41 号)文件第四章中也明确规定了"校园秩序与课外活动"。由此可见，学校把对学生进行安全教育作为一项经常性的工作，列入学校工作的重要议事日程，加强领导。

马克思主义认为，人的行为是受其世界观支配的，是价值观的反应和表现，是对社会存在的反应。人们在实践中形成的看待问题的立场、观点和方法，无时无刻不对人的行为施加影响，有了正确的世界观、人生观、价值观，个人的发展就不会走邪路、弯路，就不会做出有悖于自己想法的行为。同样地，一个人安全观念的形成，也必将对其在日常生活中的行为予以有效的影响。大学安全教育是高校学生形成正确观念的主要途径。通过教育，大学生应明确安全的含义，确立安全意识，形成安全观念，从而为维护高校和社会的安全与稳定做出积极贡献。可以这样说，大学生安全教育是高校安全工作的基础，是高校形成稳定、安全局面的有力保障，也是高校安全工作得以顺利开展的前提和条件。

五、大学生安全教育的重要性

1. 大学生安全教育与成才

大学生的安全教育，从某种意义上讲，直接关系到学生成才、良好人格的形成和对社会的认知的形成。

(1) 大学生的国家安全教育为其自身成才奠定了坚实的政治基础。

大学是培养人才的摇篮，是知识分子和人才密集的地方，从某种意义上讲，高校的稳定与否直接关系到国家与社会是否稳定。西方敌对势力一直把高校作为"渗透"和"和平演变"的重要战略目标，将重点放在了中青年知识分子和在校大学生身上，一方面向他们大肆散布"人权""自由""民主""普世""人权高于主权"等西方价值观，对其施加影响；另一方面别有用心地针对他们从事宣传、收买、间谍活动等。邓小平同志曾针对改革开放以来的我国各方面存在的问题尖锐地指出，"十年来最大的失误是在教育，思想政治工作薄弱。"这给我们当前和今后的教书育人敲了警钟！惨痛的教训告诉我们，"谁掌握了青年，谁就拥有了未来。"任何时候，高校都不能忘记培养社会主义事业建设者和接班人这个根本任务的历史使命，更不能忽视高校大学生的国家安全教育。因为大学生正处于成长期，树立什么样的人生观、价值观，确立什么样的信仰，都离不开正确思想的引导。如果没及时用正确的手段和措施加以引导，在敌对势力强大的攻势面前，这些青年学生很容易在政治上误入歧途。在大学生的成长过程中，国家安全教育是极为重要的。应该说，高校有多重要，高校大学生安全教育工作的地位就有多重要，在这一点上必须保持高度的清醒，不能有丝毫的放松，放松就等于失职和犯罪。

(2) 校园安全教育为大学生的健康成长提供了有利的环境保障。

中央在《关于加强社会治安综合治理的决定》中规定了社会治安综合治理的工作范围，主要包括"打击、防范、教育、管理、建设、改造"六个方面。从中可以看出，教育是其工作范围的重要方面。高校安全是重要内容，维护高校治安秩序，离不开安全教育，尤其是校园安全教育，它不仅是一项战略性措施，而且是保证校园治安好转的根本途径。

马克思唯物主义者认为，人们的社会存在决定着人们的意识。环境是社会存在的重要因素，也是学生成才的重要条件。常言道：近朱者赤，近墨者黑。学校的根本任务是培养德、智、体、美、劳全面发展的社会主义的建设者和接班人，良好的教育环境对学生的成长起着积极的促进作用。在整个社会主义精神文明建设中，如果学校成为最好的环境之一，那么，它将对整个社会环境的优化做出积极贡献并将促进整个社会环境的改变和引领社会环境的发展方向。作为培养社会主义事业接班人的基地，高等学校不但要有育人的目的，更要有研究和创造达到育人目的所需要的环境，因为校园安全教育关系到学校的发展，是校园环境建设的重要组成部分，同时，校园安全教育关系到学生的切身利益和成长，更是搞好育人工作的条件。可以说，校园安全教育直接反映校园的文明程度，亦反映了校园风气、人际关系、道德水准等，是大学生健康成长的有利的环境保障。

(3) 加强大学生的安全教育是大学生健康成长的基础。

梦想在前进，时代在召唤。当代青年既是追梦者，也是圆梦人。2014 年 5 月 4 日，习近平总书记来到北京大学，寄语青年要自觉践行社会主义核心价值观，"人生的扣子从一开始就要扣好"。2018 年 5 月 2 日，习近平总书记在北京大学参加师生座谈会，给青年人提出了新要求和新期望"生逢其时，重任在肩"。因此，作为大学生不仅要明确学习任务，更要意识到自身所担负的历史使命。那么，大学生在其成长的过程中，就不仅要接受专业知识的教育，还不能忽视自身的安全教育，因为它是大学生健康成长的基础所在。

2. 大学生安全教育与素质教育

安全教育是素质教育的重要内容，是大学生素质是否全面发展的一个重要体现。高校大学生的安全教育，其实就是让学生坚持在法律、规章制度层面提高自身的素质，增强学生的"遵纪守法观念"和"安全防护意识"。同时，为学生的健康成长和全面成才创造良好的外部环境和文化氛围。

学生、教师和职工是高校的三大主体，如果缺少了学生，教师和职工的存在将不再具有意义和价值。高校安全教育的重要对象是学生，根本目的是保证学生安全。教书育人、科学研究、社会服务是高校的三大职能。如果说"教书"侧重于知识的传授和技能的掌握，那么，"育人"更多地体现了高等学校的政治责任感和历史使命，而大学生安全教育应该是高校育人的重要方面，是实现育人目标和功能的重要标志。学生一方面需要自我约束，遵守宪法和法律；另一方面其学习和生活又要有必要的外部条件和稳定的治安秩序给予保障，而大学生安全教育恰恰在这两方面都得到了全面体现。

办学质量的高低在很大程度上体现为学生素质的优劣，如果能从各个方面通过各种途径和方法使学生的个人素质和整体素质得到全面提高，我们就可以称这所学校办学质量好。安全教育是"素质教育"中不可缺少的一部分，而且是很重要的一环，安全陪护是大学生成才的基本条件，是不容人们忽视的。

3. 大学生安全教育与"三全育人"

我国是中国共产党领导的社会主义国家，这就从根本上决定了我们的教育必须坚持立德树人，培养一代又一代德、智、体、美、劳全面发展的社会主义建设者和接班人。那么，新时代的育人工程必须在基于"全员、全程、全方位"的"三全育人"理念的大教育体系中，以全员、全过程、全方位的视角，从安全教育的知识体系的角度提出要建设全面、系统、科学的大学生安全教育知识体系，以促进安全教育的有效开展。

(1) 基于全员教育要求校园中除主要的课堂教育外，课外的教育元素也丰富多彩，安全教育内容基于安全知识的特殊性，会涉及多职能部门、多单位，涉及专业课、思政课、心理课、公共课等。在大学校园里成长，也是逐渐社会化的过程，大学里所有一切都是教育元素，所以充分发掘潜在教育元素，萃取安全知识，并进行分类整理使之系统化，为学生的社会化打下坚实基础。

(2) 基于全程教育要求事物发展都有自身的规律，从发展过程来研究大学生安全教育的知识体系，要从人的自身发展着眼，以人本理念，完善安全教育知识点，重点做好大学生入校前后、学习期间、毕业就业过程中知识点汇集，兼顾好毕业后走向社会所需的安全知识点，不断完善安全教育的内容。

(3) 基于全方位教育要求服务育人是高校实现培养目标的重要环节，大学生的安全教育也不例外。在日渐复杂的社会环境和严峻的安全形势下，个体所处环境不断变化，与社会相连的环节越来越多，新技术、新事物层出不穷，安全知识日新月异。家庭、学校、校外等现实环境和网络虚拟环境是主要涉及地，校外和网络环境较难掌控，因此，大学生只有掌握必要的安全知识，才能确保自身的学习正常进行，才能平安度过大学生活。除此之外，基于教育规律的要求，还要做好大学生安全教育的时代性研究。安全教育要符合大学生的心理和年龄特点，紧密结合当今社会的新变化和新问题，遵循现代高等教育规律和要求，既要涵盖传统安全教育内容，又要突出国家安全、网络安全等新兴非传统安全教育专题，避免安全知识陈旧化、碎片化，避免内容不全面、条块分割、零打碎敲的教育方式；避免教育内容与大学生需求相脱节和流于形式化，要增强针对性、时效性、系统性、开放性和实效性。早在2008年上海就颁布了全国首部地方性《大学生安全教育大纲》，规定了该市大学生安全教育的目标、内容和方式。此后许多省市和高校逐渐重视大学生安全教育，不断充实课堂教学安全知识内容，逐步形成知识体系框架，这是大学生安全教育工作的一项重大突破。

练 习 题

多项选择题

1. 在发生校园安全事件时，首先要冷静，然后可以通过以下几点进行应对(　　)。

A. 第一时间拨打 110 报警电话并向老师或辅导员、值班领导干部报告

B. 积极面对事件的真实情况，稳定情绪，服从学校指挥

C. 保护现场，做好当事人和见证人的书面材料的收集和整理工作，配合警方调查

D. 采取有效安全措施保护自己和他人

E. 以最快的速度协助老师将伤员送往就近医院进行抢救，并帮助通知家长或亲属

F. 在警方、老师的指导下帮助维持秩序，协助做好善后处理工作

2. 平安校园的创建主要从以下(　　)方面着手。

A. 坚持校园安全通报制度，填写校园安全通报记录表，及时发现与整改校园内存在的安全隐患，保障师生员工的生命和财产安全

B. 设立校园安全岗，细化安全责任制，建立校园安全岗巡视制度，维持校园安全秩序，杜绝课间安全事故的发生

C. 签订安全责任书，强化安全责任意识，避免因安全意识薄弱而产生的安全隐患

D. 强化校园安全文化建设，设置形式多样、教育意义显著的安全警示牌和标语

E. 定期组织开展不同类型的安全逃生演练活动，讲解在遇到重大险情时的疏散、自救方法，在潜移默化中锻炼与提高师生员工遇到紧急问题时的应对能力及自我保护能力

F. 创新安全教育形式，通过丰富多彩、形式新颖的安全教育活动，提高学生的安全素质，增强其自护防范意识

3. 大学生安全知识教育的类型有(　　)。

A. 意识形态领域的知识　　　　B. 法律法规知识

C. 日常安全常识　　　　　　　D. 心理安全的基本常识

4. 大学生安全教育的必要性是(　　)。

A. 大学生安全教育是建设中国特色社会主义理论的重要内容之一

B. 对大学生进行安全教育是维护稳定的需要

C. 大学生安全教育是社会治安综合治理的需要

D. 大学生安全教育是学校安全工作的重要组成部分

5. 中央在《关于加强社会治安综合治理的决定》中规定了社会治安综合治理的工作范围，主要包括(　　)。

A. 打击　　　B. 防范　　　C. 教育　　　D. 管理　　　E. 建设　　　F. 改造

6. 新时代大学生安全教育体系是基于(　　)的"三全育人"理念搭建。

A. 全员　　　　　B. 全程　　　　　C. 全方位

第 2 章 安 全 常 识

2.1 交 通 安 全

一、校园内的交通安全

发生校园交通意外的直接原因是校园的机动车辆和非机动车辆日益增多。校园里的道路比较狭窄，一般没有专门的人员来管理和指挥交通，而有些机动车没有做到在校园中减速慢行，因此，增加了交通事故的发生概率。发生校园交通意外的另一个原因是学生的交通安全意识薄弱，很多学生想当然地以为学校里是绝对安全的，因此，在校园里穿行时非常随意，有的学生边走边看书，有的边走边玩手机，有的边走边和同学说话嬉戏，毫不在意来往车辆。

校园内交通安全事故的主要表现形式有以下几种：

(1) 弯道上不注意躲避车辆。有些机动车在拐弯的时候，车速较快，面对突然走过来的学生，来不及刹车，就很容易造成事故。

(2) 行走时在路上玩耍。有的学生一边走路，一边和同学说笑打闹，甚至还会边玩球，边走路，甚至有的学生占用比较宽敞的道路来打羽毛球，这样很容易妨碍车辆的通行，如果司机刹车不及时，就会导致交通事故。

(3) 骑车带来的事故。在校园中骑自行车穿行是大学的一道风景线。但骑车带人，或者骑行速度过快都可能引发交通事故。

二、校园外的交通安全

随着学生外出机会的增多，不遵守交通规则，发生交通事故的概率不断增大。有的学生公寓建在校外，每天上课、下课时在校园周边地区形成人流、车流高峰，成为学生交通事故新的多发地带。

校园外交通安全事故的主要表现有以下几种：

(1) 行走时发生的交通事故。车流量大、行人多、交通状况复杂的地段，发生交通事故的概率较高。

(2) 骑车时发生的交通事故。骑车带人、骑行速度过快、逆向骑车都是发生交通事故的直接原因。

(3) 乘坐交通工具时发生的交通事故。学生离校、返校、外出旅游，社会实践，寻找工作等都要乘坐各种短途或长途交通工具。全国各地高校大学生因乘坐交通工具发生交通事故的情况时有发生，有时甚至造成群体性伤亡，教训十分惨重。

(4) 学校校车的安全事故。校车超载、驾驶员不遵守交规等因素也会导致交通事故。

(5) 横穿马路、不走过街天桥导致的事故。校园外面的交通状况复杂，机动车辆多且车速较快，不走过街天桥、横穿马路是十分危险的。

三、交通事故的预防

发生交通事故最主要的原因是思想麻痹，缺乏安全防范意识。因此，掌握基本的安全常识，增强交通安全意识，自觉遵守交通法规，才能做到安全。

1. 预防校内交通事故

(1) 机动车进校园，必须减速慢行，尤其在拐弯处、事故多发地段要特别注意。

(2) 在校园内骑车也要慢行，在拐弯处必须下车推行，防止和相反方向来的车辆相撞，也防止误撞行人。

(3) 行人在走路时要注意避让来往车辆，在十字路口不要在马路中间嬉戏或运动，也不要在路上一字排开行走，尤其在拐弯的地方要加倍小心。

(4) 开车和骑车时不要接打电话。

(5) 雨天骑车，最好穿雨衣，不要撑伞骑车。

(6) 雪天骑车，要与前面的车辆、行人保持较大的距离，防止因刹车失灵造成事故。

2. 预防校外交通事故

1) 步行

穿过道路时，要选择有人行横道的地方。这是行人享有先行权的安全地带。在没有人行横道的地方穿过道路，要特别注意避让来往的车辆。

在校园中避让车辆最简单的方法有以下几种：

(1) 走人行横道。

(2) 横穿马路时，要做到"一停，二看，三通过"，先看左边是否有来车，再看右边是否有来车，确认安全时方可穿过道路。

(3) 在汽车已经临近时不能急匆匆过马路。

2) 骑自行车，骑电动车

(1) 要经常检查自行车、电动车的车况，杜绝骑隐患车辆上路。

(2) 在非机动车车道内按顺序行驶，严禁驶入机动车道。在没有划分非机动车道和机动车道的道路上行驶时，应尽量靠右边行驶，不能在道路中间骑车，不要数车并行，避免逆向行驶。

(3) 骑车至路口，应主动地让机动车先行。遇红灯信号时，应停在停止线或人行横道线以内。严禁用推行或绕行的方法闯红灯。

(4) 骑车转弯时，要伸手示意。要选择前后暂无来往车辆时转弯，切不可在机动车驶近时急转猛拐，争道抢行，也不要转小弯。

(5) 自行车在道路旁停放，应按交通标志指定的地点和范围有秩序地停放；在不设置交通标志的道路旁停放也不要影响车辆、行人的正常通行。

(6) 骑车载物，长度不能超过车身，宽度不能超出车把，高度不能超过骑车人的双肩。在市区道路上骑车不准带人。

(7) 在道路上骑车不准互相追逐、曲折竞驶、扶身并行。

3) 乘坐交通工具

(1) 乘坐公共车辆，应该遵守公共秩序，讲究社会公德，注意交通安全。

(2) 候车时，应依次排队，站在道路边或站台上等候，不应拥挤在车行道上，更不能站在道路中间拦车。

(3) 上车时，应等汽车靠站停稳，先下后上。

(4) 车辆行驶时，要拉好扶手，头、手不能伸出车窗外。

(5) 下车时，要依次而行，不要硬推硬挤。下车后，应随即走上人行道。

4) 乘车时的自我保护

(1) 系好安全带。

(2) 乘坐客车时，注意观察行李架上的物品，防止行李在车辆晃动时掉下来砸伤自己或其他乘客。

(3) 如果车辆失控，应迅速用手护住自己的头部，贴胸，蹲下靠在不容易晃动的地方，防止头部受伤。

(4) 如果乘坐的车辆发生事故，要迅速地从车厢里出来，离车身远一些，防止汽车爆炸造成二次伤害。

四、交通事故的正确处理

1. 交通事故中的急救常识

1) 交通事故急救的基本原则

重大道路交通事故发生之后，很多受伤者会因为没有得到及时救助而死亡。因此，掌握一些现场急救的知识，能提高自己的生存能力和救护能力。交通事故急救的基本原则包括以下几点：

(1) 拨打"120"电话求助。

(2) 先重后轻。遇到多位受伤人员时，要先抢救伤势重的人，再抢救伤势轻的人。

(3) 先止血后包扎。当伤员流血过多时，不要急于包扎，而是先认真观察伤口的出血情况；在包扎伤口前，做好止血处理，因为如果失血量超过人体血量的 40%，伤者就可能死亡。

(4) 先固定再搬运。在搬运伤者之前，应先固定好骨折部位，以免骨骼发生移位，损伤附近的血管、神经或压迫呼吸道。

2) 事故现场救护常识

(1) 拨打"110""120"报警，等候交通警察和急救人员前来处理事故。

(2) 积极寻找伤员，注意检查受伤部位，并对重伤员进行优先救助处理。

(3) 对呼吸、心搏骤停的伤员，应立即清理其上呼吸道，以免痰液阻塞气道，或者血液倒流堵塞气道而发生窒息，并进行人工呼吸。

(4) 对创伤出血，要先判断是静脉出血还是动脉出血，并临时用指压法止血。动脉出血，来势凶猛，颜色鲜红，呈喷射状涌出；静脉出血，血液的颜色呈暗红色，血液连续不断、均匀地从伤口流出；毛细血管出血，呈小点状红色血液，从伤口表面渗出。

(5) 就地取材及时包扎伤口。

(6) 对于骨折的伤者，最好由四人抬出，一个人托住肩部，一个人托住腰部，一个人托住臀部，一个人托住双腿，搬动时用力要均衡。

(7) 在运送脊柱受伤的伤员时，务必谨慎、得当，避免脊柱弯曲或扭转，应用硬板担架运送，尽量减少搬运次数。

(8) 当有异物扎入体内时，应仔细检查，估计扎入的深度，不要随意拔出。应将异物外露的部分剪短，以防在搬运中加重器官的损伤。

2. 交通事故的处理办法

1) 及时报警

无论在校外还是在校内，一旦发生交通事故，首先要及时报警，及时报警有利于事故的公正处理，千万不能私了。

2) 保护现场

保护交通事故发生的原始现场，车辆、物品、伤亡人员以及痕迹都不做变动。因抢救受伤人员变动现场的，应当标明位置。

3) 控制肇事者或记住相应信息

如果肇事者想逃逸，要设法加以控制；如果肇事者强行逃逸，也要记住肇事车辆的车牌号等特征，如果看不清车牌号，可注意车型、颜色、新旧程度，或请求路人帮助记住肇事者信息。

2.2 饮 食 安 全

民以食为天，一日三餐是人们必不可少的，合理膳食对大学生来说至关重要。俗话说 "病从口入"，这句话非常有道理，饮食安全是身体健康的基本保证。因此，大学生要掌握一些有关食品安全的知识，从而建立安全意识，远离安全隐患，使自己拥有健康的体魄。

一、谨防食物中毒

随着物质生活水平的提高，人们的饮食水平相应提升，但食品问题也随之出现。民以食为天，食以安为先。在校大学生离不开学校食堂和餐馆，这是生存的需要。大学校园人群密集，是食物中毒等食源性疾病的多发地，发生食物中毒事故的危害极大，轻则引起人体不适，重则造成脏器损害，严重者危及生命，会给家庭和社会造成不可估量的损失。

1. 食物中毒

食源性疾病，俗称食物中毒，泛指因为进食了受污染食物以及致病细菌和病毒、被化学品或天然毒素感染的食物而产生的身体不良反应。其特点表现在以下几方面：

(1) 发病呈暴发性。潜伏期短，来势凶猛，短时间内可有多人发病。

(2) 具有相似的临床症状。中毒病人一般都有相似的症状，多表现为恶心、呕吐、腹痛、腹泻等消化道症状。

(3) 发病与食物有关。患者在近期内食用过同样的食物，发病范畴局限在食用该类有毒食物的人群，停止食用该食物后，发病现象很快消失。

(4) 食物中毒不具有传染性，没有人与人之间的传染过程。

2. 食物中毒的分类

根据引起中毒的物质，食物中毒可分为如下几类：

(1) 细菌性食物中毒。细菌性食物中毒是指人们摄入含有细菌毒素的食品而引起的食物中毒，其发生原因与不同地区人群的饮食习惯有密切关系。例如，在美国，肉、蛋及糕点的摄入较多，葡萄球菌引起的食物中毒较多见；日本和我国沿海地区居民喜食生鱼片等海产品，副溶血性弧菌引起的食物中毒较多见。

细菌性食物中毒多发生在夏秋炎热季节，这是因为气温高，适宜细菌生长繁殖，且炎热季节人体肠道的防御功能下降，对疾病的易感性增加。细菌性食物中毒的发病率高，但病人恢复较快。

(2) 真菌毒素食物中毒。真菌毒素食物中毒是指主要因食入被霉菌及其产生的毒素污染的食品而引起的中毒。其发生具有明显的地区性、季节性和波动性。例如，霉变甘蔗中毒，在我国多发生于 2～3 月的北方省份，甘蔗霉变的原因是将广东、广西等地 11 月份收割的甘蔗运至北方储存，第二年春季温度升高，导致部分甘蔗霉变。因此，甘蔗的存放时间一般不要超过 2 周，一旦甘蔗霉变后就不要食用。

(3) 植物性食物中毒。引起植物性食物中毒的食品主要有三种：一是将天然含有有毒成分的植物或其加工制品当作食品，如桐油；二是将在加工过程中未能破坏或除去有毒成分的植物当作食品，如木薯、苦杏仁等；三是在一定条件下产生了大量的有毒成分的可食用的植物性食品，如发芽的土豆等。

(4) 动物性食物中毒。引起动物性食物中毒的食品主要有两种：一是将天然含有有毒成分的动物(如河豚)或动物的某一部分(如猪的甲状腺)当作食品；二是在一定条件下产生了大量的有毒成分的可食的动物性食品，如某些贝类、鲐鱼等。

(5) 化学性食物中毒。引起化学性食物中毒的食品主要有四种：一是被有毒有害的化学物质污染的食品，如被农药、杀鼠药等污染的食品；二是被误认为食品、食品添加剂、营养强化剂的有毒有害化学物质，如工业酒精、亚硝酸盐等；三是添加非食品级的"伪造或禁止使用的食品添加剂"的食品以及超量使用食品添加剂的食品，如将增白剂加入面粉增白，将甲醛加入水发产品中防腐等；四是营养素发生化学变化的食品，如油脂酸败等。

3. 保证自己的饮食安全

食品安全是日常生活的大事，大学生可以从以下几点做起，以保证自己的饮食安全。

(1) 选择安全食品。安全食品是指食品要具有相应的色、香、味、形等感官性状，没有发生腐败变质等异常变化。在购买食品前，一定要对相关食品的安全认证标识有所了解。

(2) 将食品彻底加热。对于肉、奶、蛋、四季豆和豆浆等容易引起食物中毒的食品，应烧熟煮透。经冷藏保存的熟食和剩余食品及外购的熟肉制品，食用前应彻底加热，食物中心温度必须达到 70℃，并至少保持 2 分钟。

(3) 少吃隔夜菜。节俭历来是我们中华民族的优良传统，每逢节日聚餐后往往会有大量剩菜，如何处理这些剩菜成了一件令人头疼的事。人们常采用的方法是将剩菜放进冰箱等待下一餐再拿出来食用，殊不知隔夜菜不仅营养流失严重，还会产生对身体有危害的不良物质。

(4) 妥善保存食品。食物在保存时要注意生、熟分开，熟食放在上面，生食放在下面，防止交叉污染。同时熟食要尽量放在阴凉、通风、干燥并能够防蝇、防虫、防鼠的地方。使用冰箱保存食物时，冰箱冷藏室的温度要保持在 10℃ 以下，以 4℃ 左右最好。鱼、肉等容易腐败的食品，应及时冷藏或冷冻，冷冻储存的温度为 −18℃ 左右。

(5) 养成良好的卫生习惯。不良的个人卫生习惯会把致病菌从人体带到食物上去。比如，手上沾有致病菌，再去拿食物，污染了的食物就会进入消化道，从而引发细菌性食物中毒。

大学生应树立正确的食品卫生安全意识，养成良好的饮食卫生习惯，从而增强防病能力。在日常饮食中，应做到不暴饮暴食，不吃不洁、腐败、变质的食物，不买街头无照(证)商贩出售的食品，不食用来历不明的可疑食物，以防病从口入。

4. 处理食物中毒的方法

判断食物中毒主要有以下标准：短时间内出现大量症状相同的病人，而且这些病人有共同的进食史；未食用某种食物不发病，停止供应该种食物后新的中毒病人不再出现；一般无人与人之间的直接传染。

一旦有人出现上吐、下泻、腹痛等食物中毒症状，首先应立即停止食用可疑食物，同时立即拨打"120"急救电话呼救。在急救车到来之前可以采取以下自救措施：

(1) 催吐。对中毒不久而无明显呕吐者，可用手指、筷子等刺激其舌根部进行催吐，或让中毒者大量饮用温开水并反复自行催吐，以减少毒素的吸收。经大量温水催吐后，呕吐物液体较澄清时，可适量饮用牛奶以保护胃黏膜。如在呕吐物中发现血性液体，则表明可能出现了消化道或咽部出血，应暂时停止催吐。

(2) 导泻。如果病人吃下中毒食物的时间较长（超过两个小时），而且精神较好，可采用服用泻药的方式，促使有毒食物排出体外。

(3) 解毒。如果吃了变质的鱼、虾、蟹等引起的食物中毒，可取食醋100毫升加水200毫升，稀释后一次服下。若是误食了变质的饮料或防腐剂，最好的急救方法是用鲜牛奶或其他蛋白质含量高的饮料灌服。

(4) 保留剩余食物样本。由于确定中毒物质对治疗来说至关重要，因此，在发生食物中毒后要保留导致中毒的食物样本，以提供给相关监管部门进行检测。如果身边没有食物样本，也可保留患者的呕吐物或排泄物，以方便医生确诊和救治。

二、酗酒危害健康

近年来，大学生酗酒现象日益严重，由此引发的违纪违法现象日益突出，给学校带来了不良影响。作为社会中特殊的群体，大学生具备较高的文化素质，但是由于自控能力较差，在心情郁闷或同学聚会时，醉酒、酗酒的情况更是常见。但是被大多数人所忽略的是，过量饮酒不仅会对身体造成很大伤害，而且可能引发违法犯罪行为。在大学生人身伤害的案件中，很多都是因为当事人醉酒引起的，我国各地高校都有不少这方面的例子。大学生严重酗酒可能诱发打架斗殴案件，这不仅危害学生的身心健康，也影响了教学、生活和校园治安秩序。

1. 酗酒

医学界对酗酒定义为一次喝 5 瓶或 5 瓶以上啤酒，或者血液中的酒精含量达到或高于 0.08 g/dL。简单来说，就是超出适量饮酒或一般社交性饮酒的标准。

酗酒涵盖了酒精滥用及酒精依赖。一般而言，如果一个人过度使用酒精而无法自我控制，导致认知上、行为上、身体上、社会功能或人际关系上的障碍或损伤，且明知故犯，无法克制，就达到了酒精滥用的程度。若进一步恶化，把饮酒看成比任何其他事都重要，必须花许多时间或精力去喝酒或戒酒，或必须喝酒才感到舒服，或必须增加酒精摄取量才能达到预期效果，或产生酒精戒断综合征，则达到了酒精依赖的程度。

2. 酗酒的原因

大学生酗酒的原因有很多，下面只简单介绍两个。

(1) 逃避现实。有些人比较软弱，抗拒不了想要逃避问题的倾向，他们不去面对问题，只是逃避。人们以不同的方式逃避问题，其中有些人选择了酗酒。

(2) 基因变异。芬兰库奥皮欧大学和图尔库大学的基因专家经过长期研究发现，人体内一种基因的变异会导致过量饮酒和酗酒。这种基因的变异可造成人体中枢神经内神经肽蛋白质缺损，从而使人出现压抑，而这种忧郁不快的心情往往使人不得不借助酒精加以发泄。

3. 酗酒的主要危害

酗酒的危害有以下几个方面：

(1) 伤害身体。酗酒对身体的危害很大，伤害肠胃等消化系统，影响正常的血压值，增加心肺的工作负荷，不利于身体健康。

(2) 影响学业。经常酗酒会影响学业，得不偿失。

(3) 影响心情。经常酗酒会影响心情。有些人希望借助酒精麻痹自己的神经，等清醒过来后反而会烦躁不安，如此循环，脾气会变得愈加暴躁。

(4) 酗酒闹事。有的学生喝酒之后因为控制不住自己的情绪，会打架闹事，甚至造成严重的后果，影响同学关系和校园安全，是非常不可取的。

(5) 浪费金钱。酗酒是需要花钱的。在喝酒成瘾而又囊中羞涩的情况下，有些人可能养成小偷小摸的坏习惯，对个人成长不利。

(6) 酒精成瘾。有的大学生喝酒成瘾，不能自控，时间长了，会形成对酒精的生理性依赖。

4. 如何健康饮酒

大学生年轻气盛，在聚会时难以避免喝酒。怎样喝酒才能做到既联络感情又不伤身体呢？

(1) 忌空腹喝酒。饮酒前先喝一杯牛奶或酸奶，或吃几片面包，勿空腹喝酒，以免刺激胃黏膜。

(2) 服用 B 族维生素。估计饮酒多时，提前服用维生素 B 族，以保护肝脏。也可有意识地多吃富含维生素 B 族的动物肝脏、猪牛羊肉、蛋黄、蔬菜、燕麦等粗粮，以提高体内维生素 B 族的含量。

(3) 多喝白开水。喝白酒时，要多喝白开水，以利于酒精尽快随尿排出体外；喝啤酒时，要勤上厕所；喝烈酒时，最好加冰块。

(4) 忌豪饮。喝酒不宜过快过猛，应当慢慢喝，让身体有时间分解体内的乙醇。酒桌上的罚酒数杯或一口闷易导致醉酒。

（5）多吃绿叶蔬菜。绿叶蔬菜中所含的抗氧化剂和维生素可保护肝脏。

（6）多吃豆制品。喝酒时可多吃豆制品，其中的卵磷脂有保护肝脏的作用。

（7）不要喝碳酸饮料。喝酒时不要喝碳酸饮料，如可乐、汽水等，以免加快身体吸收酒精的速度。

三、关注食品卫生

随着我国经济改革的深入，人民生活质量大幅度提高，但同时我们也看到，一些不法商贩唯利是图、道德沦丧，导致我国食品卫生安全事故频频发生，从"瘦肉精"到"染色馒头""地沟油"，长期食用不卫生的食品，轻者出现食物中毒，重者会危及生命。针对这种情况，需要高校管理人员和大学生共同努力，一方面加强校园食品卫生的管理和监督，另一方面杜绝去无证路边摊就餐，坚决杜绝食品卫生问题的发生。

1. 食品卫生

食品卫生是指为防止食品污染和有害因素危害人体健康而采取的综合措施。世界卫生组织对食品卫生的定义是"在食品的培育、生产、制造直至被人摄食为止的各个阶段中，为保证其安全性、有益性和完好性而采取的全部措施。"

2. 食品卫生标准

食品卫生标准是规定食品卫生质量水平的规范性文件，基本内容是分别对各类食品或单项有害物质规定了各自的质量和容许量，称为食品卫生质量指标。该标准主要包括以下五点：

（1）感官指标，即食品的色、香、形。

（2）细菌及其他生物指标，包括食品菌落总数、食品大肠菌群最近似数等。

（3）毒理学指标，包括各种化学污染物、食品添加剂、食品产生的有毒化学物质、食品中的天然有毒成分、生物性毒素以及污染食品的放射性核素等在食品中的容许量。

（4）间接反映食品卫生质量可能发生变化的指标，如奶粉中的水分含量。

（5）商品规格质量指标。

3. 常见饮食卫生误区

在日常生活中，常见的饮食卫生误区主要有以下八种：

（1）聚餐。每当节假日，大学生们大多喜欢约上几个好友到餐馆"撮一顿"，便于交流感情。其实这样做并不利于健康，不符合饮食卫生。

（2）用白纸包装食物。许多人觉得白纸看上去干干净净，可以用来包装食物。而事实上，白纸在生产过程中，会加用许多漂白剂及带有腐蚀作用的化工原料，纸浆虽然经过冲洗过滤，仍含有不少化学成分，会污染食物。至于用报纸来包装食品更不可取，因为印刷报纸时，会用许多油墨或其他有毒物质，对人体危害极大。

(3) 用酒消毒碗筷。一些人常用白酒来擦拭碗筷，以为这样可以达到消毒的目的。殊不知，医学上用于消毒的酒精度数为 75 度，而一般白酒的酒精含量多在 56 度以下，并不能达到医用酒精的消毒效果。

(4) 抹布清洗不及时。实验显示，在家里使用一周后的全新抹布，会滋生出大量的细菌，在餐馆或是大排档里情况更差。因此，在用抹布擦饭桌之前，应当先充分清洗，并且每隔三四天应该用开水将抹布煮沸消毒，以避免因抹布使用不当或清洗不及时而给健康带来危害。

(5) 用卫生纸擦拭餐具。这种现象在大学校园十分普遍，许多学生吃完泡面后，懒得冲洗餐具，就用卫生纸擦拭，自认为非常卫生。其实许多卫生纸的消毒状况并不好，这些卫生纸因消毒不彻底而含有大量细菌；即便是消毒较好，卫生纸也会在摆放的过程中被污染。因此，用普通的卫生纸擦拭碗筷或水果，不但不能将食物擦拭干净，反而会在擦拭的过程中给食品带来更多的污染机会。

(6) 用毛巾擦干餐具或水果。人们往往认为自来水是生水、不卫生，因此在用自来水冲洗过餐具或水果之后，常常再用毛巾擦干。但事实上，干毛巾上常常会存活有大量病菌，而且，我国城市自来水大都经过严格的消毒处理，所以说用洗洁剂和自来水彻底冲洗过的食品基本上是洁净的，可以放心食用，无须再用干毛巾擦拭。

(7) 将变质食物煮沸后再吃。有些人认为将轻微变质的食物用高温煮过后就可以彻底消灭细菌。医学实验证明，细菌在进入人体之前分泌的毒素是非常耐高温的，不易被破坏分解。因此，用加热的方法处理变质食物的方法是不可取的。

(8) 把水果烂掉的部分剜掉再吃。有些人吃水果时，习惯把烂掉的部分削了再吃，以为这样就比较安全了。然而，微生物学专家认为，即使把水果上面已烂掉的部分削去，剩余的部分也已通过果汁传入了细菌的代谢物，甚至已经有微生物开始繁殖，其中的霉菌可导致人体细胞突变而致癌。因此，当水果已经烂了一部分时，就应扔掉，不宜食用。

4. 学校要加强食品卫生管理

大学校园食品卫生形势严峻，应该如何保证校园食品卫生安全呢？

(1) 进一步提高学校领导食品卫生安全意识，落实和完善学校食品卫生安全责任制度。

(2) 根据《食品卫生法》《学校食堂与学生集体用餐卫生管理规定》《学校食物中毒事故行政责任追究暂行规定》等要求，依法管理学校食品卫生。

(3) 进一步完善和落实学校食品卫生安全责任制和责任追究制。建立定期通报制度，定期对学校突发的公共卫生事件的发生情况、报告情况、责任追究与整改情况进行通报。

(4) 加大对学校食堂从业人员的培训力度，建立食堂从业人员上岗培训制度，增强其食品卫生安全意识，使之自觉遵守食品卫生操作规范。

(5) 加强学校食品卫生安全知识的宣传教育工作，提高学生的自我保护意识和能力。

(6) 加大督促检查力度，通过专项督导与专项检查，督促各地落实各项食品卫生安全措施。

5. 学生要养成良好的卫生习惯

养成良好的个人卫生习惯，做好个人防护，是抵御病菌的有效途径。

(1) 饭前要洗手。人的双手每天会接触各种各样的东西，很容易沾染细菌、病毒和寄生虫卵，吃东西前认真用肥皂洗净双手，可减少得病的概率。

(2) 生吃瓜果要洗净。瓜果蔬菜在生长过程中不仅会沾染病菌，还会残留有农药、杀虫剂等，如果不清洗干净，不仅可能染上疾病，还可能造成农药中毒。

(3) 不随便吃野菜、野果。野菜和野果的种类繁多，一般人很难分辨哪些是安全的，哪些是对人体有害的，因此不要随便食用野菜、野果，可以避免中毒，确保安全。

(4) 不吃腐烂变质的食物。食物一旦腐烂变质，味道会变酸、变苦，散发出异味，这是由细菌大量繁殖引起的，吃了变质的食物会给身体造成很大的不良的影响。

(5) 拒绝食用街边摊食物。街头小摊出售的食品大多不符合食品卫生安全标准，随意食用会危害健康。

(6) 不喝生水。水是否干净，仅凭肉眼是很难分辨的，所以尽量喝开水。

四、注重饮食规律

一日三餐的饮食习惯，是人类在长期的生活中形成的，目的是维持人体生命健康的基本生理需要。但是，超过三成的大学生饮食是没有规律的，比如不吃早餐，暴饮暴食，或是午夜加餐，这种不规律的饮食对人体的危害非常大。

当代大学生是国家建设的栋梁之材，大学学习期间是人一生中知识增长和生长发育最为旺盛的时期，生理和心理的变化相对复杂，各器官机能逐渐趋向成熟，脑力和体力活动十分频繁，思维活跃而敏捷，如果在饮食上不能吸收足够的营养，生活能力及抗病能力就会变差，学习效率也会下降。

规律的饮食对人体好处多多，那么怎样的饮食才算规律呢?

1. 营养均衡

健康饮食是指在营养均衡的状态下进餐。所谓营养均衡，是指合理搭配食物，即粗细搭配、荤素搭配、酸碱搭配等。

2. 定时

饮食规律是指一日三餐要尽量定时、定量，建议就餐时间为早餐 7:30、中餐 11:30、晚餐 18:00。

水果和主食的科学搭配是先吃水果，因为水果多属酸性，易消化吸收，易氧化。先食水果可以帮助肠胃消化食物，这时候它会充当消化主食物的催化剂。如果一定要饭后进食水果，最好在 35 分钟之后。

3. 定量

民间有句谚语"大饥不大食，大渴不大饮"，这是告诫人们应饮食有节，不暴饮暴食。早餐以吃饱为宜;午餐以八九成饱为宜，但以富含蛋白质的食物为宜;晚餐最好清淡一些，以吃七分饱为宜，这样才不会对身体产生不良影响。

4. 长期饮食不规律给人体造成的危害

(1) 损害肠胃并诱发肠胃疾病。饮食不规律，暴饮暴食会打乱肠胃消化的生物钟。当饥饿时，胃酸等消化液分泌后得不到食物中和，就会侵蚀胃黏膜，如果加上幽门螺杆菌的感染，可能会引起急慢性胃炎、胃和十二指肠溃疡等疾病。另外，暴饮暴食可引起急性胃扩张，严重损害肠胃功能。

(2) 引起营养失衡。由于饮食不规律，或经常不吃早餐，或饮食不均衡，即不能给身体提供足够的能量和营养，久而久之，还会导致皮肤干燥、贫血、细胞衰老等症状。有调查指出，长期饮食不规律的人，骨骼密度远远低于规律饮食的人，饮食不规律是发生骨质疏松的主要原因之一。

(3) 其他危害。在三餐定时的情况下，人体内会自然产生胃结肠反射现象，可使排便规律，有利于身体内代谢产物的排出;如饮食不规律等，可造成胃结肠反射作用失调，从而导致便秘，身体排毒不畅，容易引起皮肤疾病，如痤疮等。

5. 养成良好的饮食习惯

身处校园的大学生不仅要学习掌握一定的科学技术知识、专业技能，还应掌握一定的营养知识，形成良好的饮食习惯，确保大学期间科学合理的营养及膳食平衡。要想拥有强健的体魄，就必须摒弃不良的饮食习惯，将来才能更好地工作，完成时代赋予的使命。

(1) 吃饭时不玩手机、电脑。现在，大学生几乎人人都有手机，大学宿舍中电脑也非常普及，很多人习惯一边看视频一边吃饭。用餐时及用餐后长时间手持手机或坐在电脑前，会使肠胃功能退化。

(2) 别把润喉片当糖。润喉片可用来治疗咽喉炎、口腔溃疡等疾病，但是有的同学没病时把它当作糖来解馋。俗话说，"是药三分毒"，因此润喉片不能随便服用。如果咽喉无明显炎症却滥用润喉片，会抵制口腔及咽喉内正常菌群的生长，导致疾病发生。

(3) 不要偏食和挑食。有些大学生偏食和挑食严重，导致营养不均衡，对身体发育产生不良的影响。

(4) 少食零食。大学生食用零食现象在各个高校屡见不鲜，走进大学宿舍，随处可见各式各样的零食包装袋。其实，零食过量会影响食欲，妨碍正餐的摄入量，从而影响身体正常功能的发育。

(5) 远离街边小吃摊。街边小吃摊，特别是校门口的临时小吃摊，卫生条件差，食品易受污染，常食这些不洁净的食物，会影响肠胃健康，容易引起肠道感染，造成胃肠功能紊乱。

(6) 不拿饮料当水喝。饮料不能完全代替水来饮用，二者在功能上不是等同的，而且过多饮用饮料，还会导致龋齿、肥胖等健康问题。

(7) 经常喝牛奶。牛奶对于人来说很重要，它是能够提供优质蛋白质的食物，其中具有人体必需的微量元素和氨基酸，但有的学生偏食，拒绝喝牛奶，进而影响身体健康。

(8) 少吃烧烤类食物。吃太多烧烤类食物是有害健康的，这类食物往往含有大量热量，营养价值却不高，如果经常摄入这类食物，时间长了会引起胃肠功能失调。另外，体内长期摄入熏烧太过的食物易诱发癌症。

2.3　用电用水安全

电和水与人们的生活及学习息息相关。一个事物总是有两面性，电和水造福人类的同时，也存在着诸多隐患，用电用水不当就会造成灾难，因此我们在使用电和水时不仅要提高思想认识，更要预防它给我们带来的负面影响。

一、安全用电

电与生活是息息相关的，它存在于我们生活的每一个角落，然而正是由于我们对电太过熟悉，以致忽略了电的危害性。安全用电历来都是学校安全工作的一个重点，大学生要知晓安全用电知识，并学会排除用电险情，当危险发生时能够正确应对。

学生用电安全须知如下：

(1) 使用电器前，先认真阅读使用说明书，掌握使用方法和注意事项。

(2) 不随意拆卸、安装电源线路、插座、插头等，不可用手或导电物(如铁丝、钉子、别针等金属制品)去接触、探试电源插座内部，不用湿手触摸电器，不用湿布擦拭电器。

(3) 电器使用完毕后应拔掉电源插头；插拔电源插头时不可用力拉拽电线；保险丝被烧断要及时更换，千万不能用铜丝、铝丝、铁丝代替保险丝。

(4) 电器在使用中，发现有异常的响声、气味、温度或冒烟冒火情况时，要立即切断电源，不可盲目用水扑救。

(5) 发现有人触电要设法及时切断电源，或者用干燥的木棍等绝缘物将触电者与带电的电器分开，切忌用手去直接接触触电者；如果触电者靠近高压电，你必须保持在50 米以外，并尽快报警，不要盲目施救。

(6) 若触电者触电后意识清醒，但感乏力、头昏、心悸、出冷汗，甚至恶心呕吐，应让其就地平卧，严密观察，不可让其站立或走动，防止继发性休克或心衰；如果意识不清，但呼吸、心跳尚存，应使其仰卧，保持周围空气流通，并立即拨打"120"急救电话，与此同时做好相应的急救准备。

二、安全用水

水是生命之源，我们的生活离不开水，从饮食到清洁，无不与水有着密切的关系。所以，大学生应该重视安全用水。

学生用水安全须知如下：

(1) 无论是在校内还是在校外，都要饮用干净卫生的水。

(2) 对混浊的水需要先过滤再处理，水过滤后看上去很洁净，但并不安全，还需要煮沸或化学消毒。最有效的消毒方法是煮沸，水经煮沸 10 分钟后即可安全地饮用。

(3) 节约用水、低碳用电。

(4) 避免带水用电。

(5) 注意水管的清洁。

2.4　消　防　安　全

火灾，几乎是和火的利用同时发生的。在人类社会发展初期，人们还没有什么物质方面的财富，因此火灾的危害还不十分明显。但是，随着人类社会的发展和物质财富的增多，特别是有了定居的房屋之后，人们才逐渐感受到火灾的巨大危害。火灾的危害有暂时和长期、直接和间接、明显和潜在、物质和精神之分。

一、高校发生火灾的原因

高校是师生员工聚集较多的场所，学习、生活、工作、教学及实验等环节都存在一定的火灾隐患，有些房屋建筑存在耐火等级低、电器线路老化等现象；部分师生消防安全意识淡薄，违反学校管理规定及缺乏基本的消防安全常识。火灾事故的发生主要表现在以下方面：

1. 消防安全意识淡薄

不少大学生认为火灾离自己很远，可能不会在自己身边发生，心存侥幸。在面对学校举行的消防安全知识教育和培训时，认为是多此一举，没有必要；面对一些火灾案例和图片展时，只是觉得很凄惨，却没有从思想深处引起重视，因而在日常行为中表现得满不在乎。有的认为只要学习好了就行，其他的可以无所顾忌；有的认为消防工作是领导和学校有关部门的事情，与自己关系不大。

2. 违反学校管理制度

(1) 违章使用电器。个别学生为图方便或省事，违规使用电炉、热得快、电热杯等大功率电器，从而导致电线超载引起火灾。

(2) 私自乱接电源。有的学生私拉乱接电线、网线，增加了线路负荷，加上使用的大多是低负荷的软电线，长期超负荷运行后会出现绝缘老化，极易导致火灾发生。

(3) 胡乱丢弃烟头。烟头表面温度为 $200\sim300℃$，中心温度可达 $700\sim800℃$，超过了棉、麻、毛织物、纸张、家具等可燃物的燃点，乱扔烟头，一旦与可燃物接触极易引起燃烧，甚至酿成火灾。

(4) 肆意焚烧杂物。使用明火最易发生火灾，因为明火是正在发生的燃烧现象，一旦失去控制马上便会转化为火灾。有些学生随意在宿舍内焚烧废弃物，最终不仅自食苦果，还殃及他人。

(5) 擅自使用炉具。高校宿舍是大学生学习和休息的地方，但有的学生图方便在宿舍使用酒精炉、电磁灶等，无一不给校园安全造成隐患，对学生们生命和财产构成威胁。

(6) 随意燃点蚊香。蚊香具有很强的引燃能力，点燃后没有火焰，但能长时间持续燃烧，中心温度可高达 700℃，超过了多数可燃物的燃点，一旦接触到可燃物就会引起燃烧，甚至扩大成火灾。

(7) 违规使用蜡烛。蜡烛作为一种可以移动的火源，稍不小心，就可能烧熔、流淌，遇可燃物容易引起火灾。正因为其具有火灾危险性而被许多高校禁止，但仍有少数学生置若罔闻，最终酿成悲剧。

3. 消防基本知识贫乏

(1) 不了解电气基本知识。许多大学生对基本的电气知识不了解，往往由于无知而造成火灾，如用铜丝代替保险丝、照明灯距离蚊帐太近、充电器长时间充电等都会埋下火灾隐患。

(2) 不懂得灭火的基本常识。前面讲述了火灾的三个关键阶段，其中初期火灾是最易扑救的，但部分学生由于平时不注意对消防基本知识的学习，在发现火险火情后，不知如何处理，失去了最好的灭火时机，以致火势发展蔓延成火灾。

二、火灾的特点

火灾的发生有以下特点：

(1) 突发性。任何突发性火灾都不会有预警，当发现时往往已呈燃烧状态，如自燃、爆炸、电气设备短路及其他用火不慎等引起的火灾。突发性是火灾给人们造成恐慌的重要原因，突然的恐惧与危害刺激可能会使人们不能冷静地采取正确的应对方式，错过扑救与逃生的第一时间。

(2) 多变性。不同的建筑物发生不同的火灾，不同的火灾又有不同的形成和发展过程。民宅建筑单元密集、空间狭小，装修材料多为木材等易燃材料，发生火灾时燃烧迅速、火势集中，易导致轰燃，逃生路径单一，影响扑救和逃生。商用建筑，面积广阔、空间较大，空气流通良好，内部装修材料复杂，发生火灾时，火势猛烈，蔓延迅速，过火面积大，易造成群死群伤。

(3) 瞬时性。一是在火场人员对火情的处理上，对于萌芽状态的火灾，如果及时正确地进行处理，便会避免灾难的发生；相反，如果见到火情，惊慌失措，不知如何扑救或没有及时报警，就会酿成大祸。二是在火场人员的逃生意识上，如果掌握了火场逃生的基本常识及技能，对逃生能做出正确的判断，便会绝处逢生。三是在火灾本身的无规律性上，现场所采取的一切手段和方法都必须根据火情的发展随机进行选择，果断、灵活处置。

(4) 高温性。火场上可燃物质多，火势蔓延速度快，往往短时间内热量便会聚积，特别是发生轰燃时，周围气体的温度骤然提高，可达到上千度，危害性极大。

(5) 烟毒性。"烟毒猛于虎。"火灾的发生必然生成大量的有毒烟气，尤其是现代社会生活中大量新型复合材料的广泛应用，更增加了烟气成分的复杂性，其对人体的危害更加严重。火场被困人员吸入少量低浓度烟气，会出现呕吐、头痛、头晕等症状；吸入大量烟气则可能在瞬间失去知觉，甚至导致死亡。这也是火场群死群伤的主要原因之一。因此，火灾发生时和逃生过程中，防止烟气的毒害尤为重要。

三、火灾的预防

1. 加强防火宣传教育，规范安全检查流程和普及消防常识

(1) 宣传工作是一项群众性极强的工作，无论是社会还是高校只有广泛宣传、全面发动和精心组织，全心全意地依靠消防参与者进行消防管理，消防工作才有坚实的基础，只有使消防参与者认识到消防工作的重要性，并且掌握了一定的消防知识，才能有效地控制火灾的发生。

(2) 加强管理人员、学生的消防安全教育及培训。以学生公寓为例，针对学生公寓人员密集、安全隐患多的特点，学生公寓管理部门应从预防入手，注重宣传，对员工和学生进行消防安全教育、防火知识及突发事件演练培训等。采取各种方法对管理人员定期或不定期进行相关部门的消防安全培训，以提高学生公寓管理处理消防隐患的能力。

(3) 在学生公寓日常消防安全检查中应制订消防器材和安全隐患检查表，严格要求公寓管理人员使用，并指定具有消防安全工作经验的管理人员负责。对消防器材和安全隐患检查表反映出的问题进行跟踪解决处理；对安全工作严格把关；对有可能造成安全事故的隐患明确指出，限期整改；对消防器材、设备按规定配置齐全，并随时可以使用。

(4) 严格执行相关规章制度，加强对公寓的巡查力度。按照经常性安全六检查(一查责任、二查措施、三查制度、四查设施、五查隐患、六查意识)，通过严格的检查去消除隐患。

2. 健全消防安全制度，落实防火责任制

健全的规章是预防火灾的基石。高校和社会都应将消防规章制度建设作为重要工作来抓，落实各项消防责任制，防患于未然。高校作为师生高度聚集的公共和教育场所，更要将消防制度建设作为重中之重来抓，按照"谁主管，谁负责"的方针落实责任制。

高校应该依法管理、制订安全管理细则，加大管理力度。对学生公寓依法进行管理，除了按国家的法律、法规对学生进行教育管理外，主要依据公寓的消防规章制度，规范学生的行为，维持学生公寓的正常学习、生活秩序，维持学生公寓安全、稳定的环境。建立各级安全责任人，一级督促一级，学校各级管理部门形成一个合力，发现问题及时解决，做到问题未查清不放过，事件未处理不放过。

3. 深入进行防火检查，切实整改火险隐患

防火检查，是落实防火措施、预防火灾的重要手段，是一项长期的、经常性的工作。开展防火检查，一般采取经常性的检查和季节性的检查相结合，群众检查和专门机关的检查相结合的方法。检查的内容包括消防安全制度的执行情况；干部和职工的防火观念和实际掌握消防知识技能情况；建筑结构、平面布局、水源、道路是否符合防火安全要求；用火用电和易燃易爆物品及其他重要物质生产、贮存过程中的防火情况；消防组织活动情况；火险隐患整改情况；消防设施、器材配备情况；对发生火灾的处理情况等。对检查出来的火险隐患，要定人、定时、定措施整改，切忌拖延。

4. 加强内部消防队伍建设，提高自防自救能力

缺乏自我保救意识是造成人员伤亡的一个关键因素。日常生活中，人们对火灾比较忌讳，很少有家庭和单位会组织模拟救火、模拟逃生等训练，一旦发生火灾，往往手忙脚乱、不知所措。

我们要不断地对消防队伍进行预警演练，不断提高指挥员的指挥能力、战斗员的战斗能力，一旦发生火灾能"拉得出、打得响"，减少火灾的伤亡。高校要组建一支兼职消防队伍，公寓宿管员及学生干部也要列入消防队伍建设行列，切实提高群防群治的能力。

5. 提高消防意识，对消防安全常抓不懈

近几年，全国高校相继发生多起宿舍火灾事故，已造成众多人员伤亡。在维护安全稳定的具体工作中，学生公寓管理部门应采取措施防止火灾及安全事故的发生，对消防安全常抓不懈，进一步明确学生公寓安全的工作要点，落实检查监督工作。认真做好学生公寓的日常安全巡视和管理。针对学生公寓人员密集的特点，重点抓"消防

安全"，每天进行检查，不定期进行排查，强调宿舍区内消防安全"天天抓、时时抓、反复抓"。进一步做好日常安全防火教育与管理服务工作。通过形式多样的学生寝室文化和报刊、板报等宣传阵地，加强学生公寓安全、防火等方面的宣传，在整个公寓管理服务人员中，形成一种"针对消防工作，做到脑不停、眼不停、手不停、脚不停的工作氛围"，切实做好学生公寓的安全管理工作。

做好消防工作是治安管理工作中的一件大事，而火灾的发生是千变万化的，涉及各个方面，作为保卫部门要不断地了解和总结火灾发生的起因，只有这样才能在开展消防工作时，针对不同的原因更有效地预防火灾的发生。高等院校内部治安环境较为复杂，消防管理难度较大，保卫部门要从高校内部治安环境的不同方面不断地探索、不断地研究、不断地宣传，切实把消防工作落实到实处。"隐患险于明火，防患胜于救灾，责任重于泰山。"高校的每位学生也要不断地学习消防法规和通过消防火警案例和防火措施吸取经验教训，提高自我防范意识，好好学习，养成遵守校纪、遵守消防规范，做一名合格的当代大学生。各单位、广大人民群众积极配合，提高个人素质，不要让"火"的危害发生在自己或他人身上。

四、火灾的扑救

物质燃烧必须同时具备三个必要条件，即可燃物、助燃物和着火源。根据这些基本条件，我们可以得出灭火的基本原理：一切灭火措施，都是为了破坏已经形成的燃烧条件，或终止燃烧的连锁反应而使火熄灭以及把火势控制在一定范围内，最大限度地减少火灾损失。

1. 灭火的基本方法

火灾过程一般可分为初起、发展、猛烈、下降和熄灭五个阶段。一般情况下，第一阶段是灭火的最佳时期，由于火势不大，通常用学校配置的消防器材就可以成功扑救。如果火势已到了猛烈燃烧的第三阶段，就必须撤离，由训练有素的消防救援人员灭火。从近年发生的一些重大、特大火灾可以看出，有相当一部分火灾都是因为火灾初起时扑救不力或者采取错误方法灭火造成的。对应起火原因，一般可以将火灾扑救的基本方法归纳为以下几种：

(1) 冷却法。用水扑灭一般固体物质的火灾，通过水来大量吸收热量，使燃烧物的温度迅速降低，最后使燃烧终止，如家具、被褥起火，一般用水扑救。

(2) 窒息法。用二氧化碳、氮气、水蒸气等来降低氧浓度，使燃烧不能持续，也可以采用土埋、湿棉被掩盖等办法来阻隔新鲜空气，达到灭火的目的。

(3) 隔离法。用泡沫灭火剂灭火，通过产生的泡沫覆盖于燃烧体表面，在冷却的同时，把可燃物同火焰和空气隔离开来，达到灭火的目的。

(4) 化学抑制法。用干粉灭火剂通过化学作用，破坏燃烧的链式反应，使燃烧终止。

2. 及时而准确地报火警

由于无法适应突变的环境，人有可能产生一种恐惧心理，表现为心慌、害怕、言行错乱、判断力和意志力下降等。因此要准确报火警，需先保持镇定，按如下步骤操作：

(1) 拨打"119"火警电话，说明发生火灾的单位、地址、楼层、周围明显的建筑标志。

(2) 说明燃烧的物品种类，例如是否属于化学原料。

(3) 说明火势情况，例如是否看得见火光，有多少房间着火、冒烟等。

(4) 口齿清晰，一定要回答"119"接警员的所有问题，听到对方说可以放下电话时再挂断。如有人力，应派人到主要路口，引导消防车辆尽快赶到现场。

3. 常见灭火器的使用

灭火器的种类很多，按其移动方式可分为手提式和推车式；按驱动灭火剂的动力来源可分为储气瓶式、储压式、化学反应式；按所充装的灭火剂则又可分为泡沫、干粉、卤代烷、二氧化碳、酸碱、清水等。

(1) 干粉灭火器的使用。

碳酸氢钠干粉灭火器适用于易燃、可燃液体、气体及带电设备的初起火灾；磷酸铵盐干粉灭火器除可用于上述几类火灾外，还可扑救固体类物质的初起火灾，但都不能扑救金属燃烧火灾。

灭火时，可手提或肩扛灭火器快速奔赴火场，在距燃烧处 5 米左右，放下灭火器。如在室外，应选择在上风方向喷射。使用的干粉灭火器若是外挂式储压式的，操作者应一手紧握喷枪，另一手提起储气瓶上的开启提环。如果储气瓶的开启是手轮式的，则向逆时针方向旋开，并旋到最高位置，随即提起灭火器。当干粉喷出后，迅速对准火焰的根部扫射。使用的干粉灭火器若是内置式储气瓶或者是储压式的，操作者应先将开启把上的保险销拔下，然后握住喷射软管前端喷嘴部，另一只手将开启压把压下，打开灭火器进行灭火。有喷射软管的灭火器或储压式灭火器在使用时，一手应始终压下压把，不能放开，否则会中断喷射。

干粉灭火器扑救可燃、易燃液体火灾时，应对准火焰根部扫射，如果被扑救的液体火灾呈流淌燃烧时，应对准火焰根部由近而远，并左右扫射，直至把火焰全部扑灭。

如果可燃液体在容器内燃烧，使用者应对准火焰根部左右晃动扫射，使喷射出的干粉流覆盖整个容器开口表面；当火焰被赶出容器时，使用者仍应继续喷射，直至将火焰全部扑灭。在扑救容器内可燃液体火灾时，应注意不能将喷嘴直接对准液面喷射，防止喷流的冲击力使可燃液体溅出而扩大火势，造成灭火困难。如果当可燃液体在金属容器中燃烧时间过长，容器的壁温已高于扑救可燃液体的自燃点，此时极易造成灭火后再复燃的现象，若与泡沫类灭火器联用，则灭火效果更佳。

使用磷酸铵盐干粉灭火器扑救固体可燃物火灾时，应对准燃烧最猛烈处喷射，并上下、左右扫射。如条件许可，使用者可提着灭火器沿着燃烧物的四周边走边喷，使干粉灭火剂均匀地喷在燃烧物的表面，直至将火焰全部扑灭。

(2) 泡沫灭火器的使用。

泡沫灭火器适用于扑救油制品、油脂等引起的火灾，不能扑救水溶性可燃、易燃液体的火灾，如醇、酯、醚、酮等物质引起的火灾，也不能扑救带电设备着火引发的火灾。

使用时，可手提筒体上部的提环，迅速奔赴火场。这时应注意不得使灭火器过分倾斜，更不可横拿或颠倒，以免两种药剂混合而提前喷出。当距离着火点 10 米左右，即可将筒体颠倒过来，一只手紧握提环，另一只手扶住筒体的底圈，将射流对准燃烧物。在扑救可燃液体火灾时，如已呈流淌状燃烧，则将泡沫由远而近喷射，使泡沫完全覆盖在燃烧液面上；如在容器内燃烧，应将泡沫射向容器的内壁，使泡沫沿着内壁流淌，逐渐覆盖着火液面。切忌直接对准液面喷射，以免由于射流的冲击，反而将燃烧的液体冲散或冲出容器，扩大燃烧范围。在扑救固体物质火灾时，应将射流对准燃烧最猛烈处。灭火时随着有效喷射距离的缩短，使用者应逐渐向燃烧区靠近，并始终将泡沫喷在燃烧物上，直到扑灭。使用时，灭火器应始终保持倒置状态，否则会中断喷射。

手提式泡沫灭火器应选择干燥、阴凉、通风并取用方便之处存放，不可靠近高温或可能受到曝晒的地方，以防止碳酸分解而失效；冬季要采取防冻措施，以防止冻结；并应经常擦除灰尘、疏通喷嘴，使之保持通畅。

(3) 二氧化碳灭火器的使用。

灭火时只要将灭火器提到或扛到火场，在距燃烧物 5 米左右，放下灭火器拔出保险销，一手握住喇叭筒根部的手柄，另一只手紧握启闭阀的压把。对没有喷射软管的二氧化碳灭火器，应把喇叭筒往上扳 70°～90°。使用时，不能直接用手抓住喇叭筒外壁或金属连线管，防止手被冻伤。灭火时，当可燃液体呈流淌状燃烧时，使用者将二氧化碳灭火剂的喷流由近而远向火焰喷射。如果可燃液体在容器内燃烧时，使用者应将喇叭筒提起，从容器的一侧上部向燃烧的容器中喷射。但不能将二氧化碳射流直接冲击可燃液面,以防止将可燃液体冲出容器而扩大火势,造成灭火困难。

推车式二氧化碳灭火器一般由两人操作,使用时两人一起将灭火器推或拉到燃烧处,在离燃烧物 10 米左右停下,一人快速取下喇叭筒并展开喷射软管后,握住喇叭筒根部的手柄,另一人快速按逆时针方向旋动手轮,并开到最大位置。其灭火方法与手提式泡沫灭火器的方法一样。

使用二氧化碳灭火器时,在室外使用的,应选择在上风方向喷射。在室内窄小空间使用的,灭火后操作者应迅速离开,以防窒息。

(4) 1211 手提式灭火器的使用。

使用时,应将手提灭火器或肩扛灭火器带到火场。在距燃烧处 5 米左右,放下灭火器,先拔出保险销,一手握住开启把,另一手握在喷射软管前端的喷嘴处。如灭火器无喷射软管,可一手握住开启压把,另一手扶住灭火器底部的底圈部分。先将喷嘴对准燃烧处,用力握紧开启压把,使灭火器喷射。当被扑救可燃烧液体呈现流淌状燃烧时,使用者应对准火焰根部由近而远并左右扫射,向前快速推进,直至火焰全部扑灭。如果可燃液体在容器中燃烧,应对准火焰左右晃动扫射,当火焰被赶出容器时,喷射流跟着火焰扫射,直至把火焰全部扑灭。但应注意不能将喷流直接喷射在燃烧液面上,防止灭火剂的冲力将可燃液体冲出容器而扩大火势,造成灭火困难。如果扑救可燃性固体物质的初起火灾时,则将喷流对准燃烧最猛烈处喷射,当火焰被扑灭后,应及时采取措施,不让其复燃。

1211 手提式灭火器使用时不能颠倒,也不能横卧,否则灭火剂不会喷出。另外,在室外使用时,应选择在上风方向喷射;在窄小的室内灭火时,灭火后操作者应迅速撤离,因 1211 灭火剂也有一定的毒性,以防对人体的伤害。

五、火灾中人的异常心理与行为

人在瞬息万变的火灾中,其心理及行为表现是多种多样的,在火灾中,不良的心理将导致错误的行为,造成终生遗憾;相反,良好的心理素质、正确的逃生行为、有效的灭火措施往往能使受灾人员绝处逢生。

很多人在遭遇危险时会失去理智,或因恐惧而陷入慌乱。在校园突发火灾中,学生较常见的不良反应有以下类型:

1. 目瞪口呆, 无所作为型

当面对火灾时,有的学生完全被眼前的情形所惊呆,头脑一片空白,只能呆立或瘫坐,任凭火势发展,不采取任何行动,甚至有的学生连消防队员的呼唤都听不到,错失被救援的良机。

2. 不知所措，贻误时机型

与上一种不同，这种类型的学生一般会出现失控行为，对火势丧失判断力，在扑救和逃生之间举棋不定，或错过了扑救火灾的时机，或错过了安全疏散的时机。

3. 横冲直撞，"一根筋"型

这种类型的学生遭遇火灾后，不知道该怎样逃生，只知道跟着大家跑，有很强的从众心理。结果白白浪费疏散时间，错失逃生机会。

4. 情绪激动，急于救火型

这种类型也很危险。他们多会奋不顾身往火场冲，急于救火，此种类型多见于男生。由于对火场缺乏了解，对火灾扑救知识的欠缺，很可能导致被困火场，从而造成不必要的伤亡。

2.5　人身安全与自卫

在日常生活中，有时会遭受不法之徒的骚扰侵害，为了维护自身人身以及其他权益免受正在进行的不法侵害所采纳的行为叫进行正当防卫。正当防卫是法律所允许的，作为一名大学生，应当懂得正当防卫是公民的权利。

一、正当防卫的定义

根据刑法第二十条的规定，正当防卫必须同时具备以下五个条件：

(1) 必须是为了使国家、公共利益，本人或者其他人的人身、财产权利和其他权利免受不法侵害而实施。这种不法侵害可能是针对国家、集体的，也可能是针对自然人的；可能是针对本人的，也可能是针对其他人的；可能是侵害人身权利，也可能是侵害财产或其他权利，只要是为了保护合法权益免受不法侵害而实施的行为，即符合本条件。

(2) 必须有不法侵害行为发生。所谓"不法侵害"，指对某种权利或利益的侵害为法律所明文禁止，既包括犯罪行为，也包括其违法的侵害行为。

(3) 必须是正在进行的不法侵害，正当防卫是为了制止不法侵害，避免危害结果发生，因此，不法侵害必须是正在进行的，而不是尚未开始，或者已实施完毕，或者实施者确已自动停止。否则，就是防卫不当，应承担刑事责任。

(4) 必须是针对不法侵害者本人实行，即正当防卫行为不能对没有实施不法侵害行为的第三者(包括不法侵害者的家属)造成损害。

(5) 不能明显超过必要限度造成重大损害。一方面，虽然正当防卫是有益于社会的合法行为，但是应受一定制度的制约，即正当防卫应以制止不法侵害为限。但另一方面，不法侵害往往是突然袭击，防卫人没有防备，情况紧急，精神高度紧张，一般在实施防卫行为时很难迅速判明不法侵害的危害程度，也没有条件准确选择一种恰当的防卫方式、工具和强度来进行防卫，因此，只要不是明显超过必要限度造成重大损害的，都应当属于正当防卫。

二、防卫过当及其刑事责任

防卫过当是指实施防卫行为明显超过必要限度并且造成重大损害的行为。防卫过当的形式，只能是间接故意或过失。对于防卫过当的量刑，我国刑法第二十条第二款规定应当负刑事责任。但因为正当防卫形式是不法侵害引起的，是为了使被不法侵害者所侵害的客体免受正在进行的不法侵害，所以"应当减轻或免除处罚"。

三、特殊防卫权

根据刑法第二十条的规定，对正在进行的严重危及人身安全的暴力犯罪采取的正当防卫行为不负刑事责任。本款是对第一款的重要补充。对于正在进行行凶、杀人、抢劫、强奸、绑架以及其他严重危及人身安全的暴力犯罪，由于这些不法侵害行为性质严重，且强度大，情况紧急，因此，采取正当防卫造成不法侵害人伤亡和其他后果的，不属于防卫过当，不负刑事责任。这就是刑法为充分保护正当防卫人的权利而增加的规定，学界一般将其称为特殊防卫权，或者无限度防卫权。所谓"其他严重危及人身安全的暴力犯罪"，是指与行凶、杀人、抢劫、强奸、绑架类似的暴力犯罪，如在人群中实施的爆炸犯罪等。

正当防卫是法律赋予公民的神圣权利，大学生应牢记这个权利，善于应用这个权利，保卫国家、公共利益，保护本人和他人的合法权利。由此可知，正当防卫是公民同违法犯罪作斗争的一个法律武器，大学生应当使用好这个武器。当遇到抢劫、盗窃、强奸、行凶、杀人、放火等违法犯罪行为时，要善于运用正当防卫行为来维护合法权利。

四、非正当防卫

既然有正当防卫，那么就有非正当防卫。如果因非正当防卫造成了损害，则应负相应的法律责任。非正当防卫主要有以下几种：

(1) 防卫过当。防卫过当是指行为人在实施正当防卫时，超过了正当防卫所需的必要限度，并造成了不应有的危害行为。

(2) 防卫挑拨。防卫挑拨是指行为人故意挑逗对方，使对方对自己进行不法侵害，继而加害于对方。

（3）防卫侵害了第三人，也叫局外防卫。局外防卫是指防卫者对正在进行的不法侵害以外的人实施的侵害行为。

（4）假想防卫。假想防卫是指不法侵害行为根本不存在，由于行为人猜想、估计、推断不法侵害行为存在，而实施侵袭的一种不法行为。

（5）事前防卫，也叫提前防卫。提前防卫是指行为人在不法侵害尚未发生或者还未到来的时候，而对准备进行不法侵害的人采取了所谓的防卫行为。

（6）事后防卫。事后防卫是指在不法侵害后，对不法侵害者进行的所谓防卫行为。

五、大学生应掌握的防卫术

防卫是人类社会维持生存和延续的必要条件之一。大部分生物学家和人类学家认为，食欲、性欲和防卫，是一切生物都具有的三大本能。一个人在遭受突然袭击和侵害时，如果掌握了一定的防身自卫的技能技巧，就会临危不惧，敢于向袭击和侵害行为奋起反抗，达到以正压邪、维护安全的目的。所以，大学生掌握一些防卫术是很有益处的。

这里介绍一些简单的、人人可行的防卫实用招式，以供大家参考借鉴。

（1）击腹法：遇到歹徒勒住脖子，速用拳头或肘猛击歹徒的腹部，致使其松手。

（2）蹬踩法：用鞋跟部猛蹬歹徒的胫骨前部或用力踩歹徒的足部。

（3）扭指法：遇到歹徒将自己勒住或抱住时，速将其小指捏住，用力向外侧扳，使之剧痛或折断其手指。

（4）戳喉法：五指合拢并伸直，以指尖或掌侧猛戳歹徒的喉头。

（5）击膝法：靠近歹徒时，提膝向其胯下或裆部、小腹部猛撞。

（6）戳眼法：两指叉开成 V 形，使劲戳歹徒的眼睛。

（7）口咬法：尤其是女性被歹徒抓住后可用口咬歹徒的舌头、鼻子、口唇、耳朵或手指等。

（8）头撞法：歹徒靠近时，可用头部撞击歹徒的胸、腹和头等要害部。

注意：以上方法只能用来对付歹徒，属于正当防卫，千万不可在学生间滥用，以免造成不良的后果。

2.6　逃　生　技　巧

在日常生活中，人们会遇到各式各样的危险，正确的逃生方法是对保护生命十分重要。针对大学中经常出现的安全事故，我们总结了一些逃生技能和大学生学会使用的逃生工具。希望学生们通过学习逃生方法，提高应急能力，增强心理素质。

一、电梯逃生

电梯的普及给生活在城市中的人们带来了不少的方便，但是当电梯出现故障，乘坐者被困在电梯里时，应合理控制情绪，利用平时掌握的自救逃生方法，科学分配体力，成功脱困。

1. 电梯

电梯，是指以动力驱动，利用刚性导轨运行的箱体或者沿固定线路运行的梯级(踏步)，进行升降或者平行运送人、货物的机电设备，包括人(货)电梯、自动扶梯、自动人行道。

2. 电梯的构造

(1) 曳引系统。曳引系统的主要功能是输出与传递动力，使电梯运行。曳引系统主要由曳引机、曳引钢丝绳、导向轮、反绳轮组成。

(2) 导向系统。导向系统的主要功能是限制轿厢和对重的活动自由度，使轿厢和对重只能沿着导轨作升降运动。导向系统主要由导轨、导靴和导轨架组成。

(3) 轿厢。轿厢是运送乘客和货物的电梯组件，是电梯的工作部分。轿厢由轿厢架和轿厢体组成。

(4) 门系统。门系统的主要功能是封住层站入口和轿厢入口。门系统由轿厢门、层门、开门机、门锁装置组成。

(5) 重量平衡系统。重量平衡系统的主要功能是平衡轿厢重量，在电梯工作中使轿厢与对重间的重量差保持在限额之内，保证电梯的曳引传动正常。重量平衡系统主要由对重装置和重量补偿装置组成。

(6) 电力拖动系统。电力拖动系统的功能是提供动力，对电梯的速度进行控制。电力拖动系统由曳引电动机、供电系统、速度反馈装置、电动机调速装置等组成。

(7) 电气控制系统。电气控制系统的主要功能是对电梯的运行实行操纵和控制。电气控制系统主要由操纵装置、位置显示装置、控制屏(柜)、平层装置、选层器等组成。

(8) 安全保护系统。安全保护系统用于保证电梯安全使用，防止一切危及人身安全的事故发生。该系统由电梯限速器、安全钳、夹绳器、缓冲器、安全触板、层门门锁、电梯安全窗、电梯超载限制装置、限位开关装置组成。

3. 如何避免发生电梯事故

在乘坐电梯时，一定要了解以下注意事项，以避免发生电梯事故。

(1) 看是否挂有"停梯检修"标志。来到电梯前，乘客应看电梯前是否挂有"停梯检修"标志，如果挂有该标志，说明电梯正在维修，不要乘坐。

(2) 看有无安全标志。乘坐电梯时，首先要查看电梯内是否有质量技术监督部门核发的安全检验合格标志且是否在有效期内，两者同时具备才能保障安全。

(3) 看是否超载。电梯超载容易引发安全事故，当电梯因超载报警时，应该主动退出等待。

(4) 看运行是否正常。电梯停稳后，乘客进出电梯时应注意观察电梯轿厢地板与楼层是否平齐，如果不平，说明电梯存在故障，应及时通知电梯使用单位。

(5) 按钮别多按，不要倚靠门。等候电梯时，有的人反复按动上行或下行按钮，有人喜欢倚靠在门上休息，还有人则会拍打梯门，殊不知反复按动按钮会造成电梯误停、按钮失灵，而倚靠、手推、撞击、撬门会影响层门开启或因层门误开，发生坠落事故。

(6) 开关门不要伸手。电梯门正在关闭时，外面的乘客会用手、脚等阻止，这样做很不安全，应等待下一次电梯停靠，或者请电梯内部的乘客按动开门按钮使层门重新开启。电梯内的人不要伸手伸脚、探头探脑，更不能将携带的物品放在间隙处阻止梯门关闭。

4. 电梯事故的自救方法

1) 电梯被困自救

(1) 保持镇定，并且安慰困在一起的人，向大家解释因为电梯槽有防坠安全装置，会牢牢夹住电梯两旁的钢轨，安全装置也不会失灵。即使电梯上的安全绳断了，在电梯槽的底部还有缓冲器，可以减少掉下来时的冲击速度，电梯内的人是不会受到伤害的，所以，不要因此而害怕。

(2) 利用警钟或对讲机救援，如无警钟或对讲机，可拍门叫喊，或脱下鞋子敲打，请求救援。

(3) 如不能立刻找到电梯维修人员，可请外面的人打电话叫消防员或拨打"110"报警电话。消防员通常会把电梯拉到最接近的一层楼，然后打开门。即使停电，消防员也能用手动器把电梯拉上或拉下。

(4) 如果外面没有受过训练的救援人员，不要自行爬出电梯，要听从专业救援人员的指挥。

(5) 千万不要尝试强行推开电梯内门，即使能打开，也未必够得着外门。想要打开外门安全脱身更不可能。电梯外壁的油垢还可能使人滑倒而发生事故。

(6) 若电梯天花板上有紧急出口，也不要从此处爬出去。出口板一旦打开，安全开关就无法使电梯运行。但如果出口板意外关上，电梯就可能突然启动，令人失去平衡。人在漆黑的电梯槽里，可能被电梯的缆索绊倒，或因踩到油垢而滑倒，导致坠落。

(7) 被困在商业大厦的电梯中，有可能会持续几小时。在这种情况下，最安全的做法是保持镇定，等待救援。注意倾听外面的动静，如果有人经过，要设法引起注意。

2) 电梯坠落自救

电梯出现急速下坠时，乘客可采取以下措施进行自救：

(1) 迅速按动每一层楼的按键，因为电梯紧急电源启动时，可停止继续下坠。

(2) 若电梯里有把手，乘客最好紧握把手，这样可避免因重心不稳而摔伤。

(3) 在电梯下坠的过程中，乘客要将整个背部跟头部紧贴电梯内墙，呈一条直线，这样可以运用电梯墙壁作为脊椎的防护，同时，膝盖要保持弯曲姿势，利用韧带来缓冲重击压力。

(4) 当电梯停止下坠时，应利用应急电话或手机与值班人员、维保人员取得联系，将受困信息发布给电梯所在大楼管理机构或电梯维保单位，告知电梯所在位置、轿内人员情况等。乘客应当待在轿厢内等待救援人员，切不可强行推开电梯门。

二、火灾逃生

火魔无情，当被困在火场内生命受到威胁、等待消防员救助时，如果能够利用地形和身边的物体采取积极有效的自救措施，就可以让自己由被动转化为主动，为生命赢得更多的生机。火场逃生不能寄希望于急中生智，只有靠平时对消防常识的学习、掌握，危难关头才能应付自如，从容逃离险境。

1. 火灾导致死亡的原因

火灾中导致死亡的原因主要有以下三种：

(1) 窒息。在密闭的环境中因吸入性损伤使气道受损导致喉头水肿，以及由于毒性气体刺激导致气道痉挛。这是火灾中导致死亡的主要因素。

(2) 有害气体的损害和中毒。一氧化碳是最常见的有毒气体，由于一氧化碳与氧竞争结合血红蛋白导致机体缺氧甚至死亡。我们日常使用的煤、木材等在不完全燃烧时，都可产生一氧化碳。常用的建筑材料燃烧时所产生的烟气中一氧化碳含量高达 2%～5%。空气中一氧化碳的浓度达到 1%～3%时，1～3 分钟就会导致死亡。

(3) 大面积烧伤。皮肤大面积烧伤后，可引发各种并发症，如休克、感染等。一般小儿烧伤面积超过 10%，成人超过 15%，就会有生命危险。

2. 发生火灾时的注意事项

火灾中，生命是最重要的，要争分夺秒地逃离火灾现场。迟疑不决、患得患失，耽误最佳逃生和救助时机。

(1) 防止被浓烟呛到。发生火灾时，如果附近有灭火器或者防毒面具，那么是最好的。如果没有，就用湿毛巾掩口鼻呼吸，并采用低姿势逃生。

(2) 不能乘坐电梯。高楼起火后容易断电而造成电梯卡壳，使逃生者困在电梯中而处于更危险的境地，给救援工作增加难度。另外，电梯口直通大楼各层，火场上烟气涌入电梯井极易形成烟囱效应，人在电梯里随时会被浓烟、毒气熏呛而致窒息。

(3) 切忌盲目冲出着火点。一旦发生火灾，火场中心温度高达 1000 度以上，因此，没有专业的防火防护设备，是很难安全冲出火场的。

(4) 不要待在无窗的洗手间里。火灾中大部分人不是被烧死的，而是窒息而死。一般而言，大厦的洗手间大多是在每一层的中间，且没有窗户，容易因烟雾无法排出，浓度升高，使被困人员窒息而导致严重的后果。因此一旦发生火灾，逃生者应找一间靠主干道的房间，这个房间一般会有窗户，并且没有防盗网。

(5) 不可钻床底、衣橱、阁楼。高层建筑发生火灾时，床底、衣橱、阁楼都是最危险的地方，而且又不易被消防人员发觉，难以获得及时营救。

(6) 不可盲目跳楼。在得不到及时救援且身居较高楼层的情况下切不可盲目跳楼，可将房间内的床单、被罩、窗帘等织物撕成能负重的布条连成绳索，系在窗户或阳台的构件上向楼下滑去，也可利用门窗、阳台、落水管等逃生自救。

3. 急救常识

在日常生活中，火灾事故、食物中毒、疾病突发等往往给人们带来伤害，如果能够掌握一些急救常识，很可能会挽救一条生命。

(1) 绳索自救法。家中有绳索的，可直接将其一端拴在屋内可固定且可负重的地方，顺绳索爬下。在这个过程中，脚要成绞状夹紧绳子，双手交替，并尽量用手套、毛巾对手进行保护。

(2) 匍匐前进法。由于火灾发生时烟气大多聚集在空间上部，因此在逃生过程中应尽量将身体贴近地面匍匐或弯腰行进。

(3) 毛巾捂鼻法。火灾烟气具有温度高、毒性大的特点，一旦吸入，很容易引起呼吸系统烫伤或中毒，因此疏散中应用湿毛巾捂住口鼻，以起到降温及过滤的作用。

(4) 棉被护身法。用浸泡过水的棉被或毛毯等较厚的物品盖在身上，确定逃生路线后用最快的速度钻过火场并冲到安全区域。

(5) 毛毯隔火法。将毛毯等织物钉或夹在门上，并不断浇水冷却，以防止外部火焰及烟气侵入，从而达到抑制火势蔓延速度、增加逃生时间的目的。

(6) 被单拧结法。把床单、被罩或窗帘等撕成条或拧成麻花状，按绳索逃生的方式沿外墙爬下。

(7) 跳楼求生法。火灾发生时，除非万不得已，住在低楼层的居民可采取跳楼的方法进行逃生。但要选择较低的地面作为落脚点，并将席梦思床垫、沙发垫、厚棉被等抛下作缓冲物。

(8) 管线下滑法。当建筑物外墙或阳台边上有落水管、电线杆、避雷针引线等竖直管线时，可借助其下滑至地面，但一次下滑时人数不宜过多，以防止逃生途中因管线损坏而坠落。

(9) 攀爬避火法。通过攀爬阳台、窗口的外沿及建筑周围的脚手架、雨棚等突出物以躲避火势。

(10) 楼梯转移法。当火势自下而上迅速蔓延而将楼梯封死时，住在高层的居民可通过天窗等迅速爬到屋顶，转移到另一家或另一单元的楼梯进行疏散。

(11) 带窗的卫生间避难法。当实在无路可逃时，可利用有窗户的卫生间进行避难，用毛巾塞紧门缝，把水泼在地上降温，也可躺在放满水的浴缸里躲避。千万不要钻到床底、阁楼、衣橱等处避难，因为这些地方可燃物多，且容易聚集烟气，救援人员也不易发现。

(12) 火场求救法。发生火灾时，可在窗口、阳台或屋顶处向外大声呼叫、敲击金属物品或投掷软物品，白天应挥动鲜艳布条发出求救信号，晚上可挥动手电筒或白布条引起救援人员的注意。

(13) 逆风疏散法。根据火灾发生时的风向来确定疏散方向，然后迅速逃到火场上风处躲避火焰和烟气。

(14) "搭桥"逃生法。可在阳台、窗台、屋顶平台处用木板、竹竿等较坚固的物体搭在相邻建筑上，以此作为跳板过渡到相对安全的区域。切记一定选用坚固的物体。

掌握一定的火场逃生技巧，可以在关键时刻保住性命。有专家总结了火灾紧急疏散逃生自救的十要素：

熟悉环境，记清方位，明确路线，迅速撤离。

通道不堵，出口不封，门不上锁，确保畅通。

听从指挥，不拥不挤，相互照应，有序撤离。

发生意外，呼唤他人，不拖时间，不贪财物。

自我防护，低姿匍匐，湿巾捂鼻，防止毒气。

直奔通道，顺序疏散，不入电梯，以防被关。

保持镇静，就地取材，自制绳索，安全逃生。

烟火封道，关紧门窗，湿布塞封，防烟侵入。

火已烧身，切勿惊跑，就地打滚，压灭火苗。

无法自逃，向外呼喊，请人援救，脱离困境。

三、公交车逃生

日常生活中，人们经常选择公交车出行。因为选择乘坐公交车不仅环保，而且非常便捷。但是，公交车上也是安全事故的多发地，尤其是公交车发生火灾时，很容易因为乘客拥挤而导致伤亡。因此，我们要学会如何应对公交车突发事故，在发生危险时顺利逃生。

1. 公交车的安全隐患

公交车(包括其他公共汽车)的安全隐患大概可以分为五大类，包括火灾、车祸、卫生安全、偷盗、自然灾害。

(1) 火灾。车辆自身安全状况差，供油系统、电气系统或机械设备存在一些先天性故障或火灾隐患，如燃油箱渗油或存在缺陷、电气线路老化、机械设备陈旧或丧失部分功能，一旦遇到明火或火星，甚至振动碰撞，都会引起爆炸和火灾事故，这是公交车起火的主要原因；人为因素引发的火灾，如携带易燃易爆等危险物品、在车内吸烟、乱扔烟头等。

公交车火灾发生的特点如下：

① 发生突然，发展迅速。无论是人为，还是因车辆自身故障引发的公交车火灾，一般都发生在车辆行驶中，其发生带有突然性。

② 燃烧迅猛，蔓延速度极快。目前公交车特别是旧型车，车体内使用易燃材料多，特别是一些内饰材料和布质座椅等，遇到火源或燃烧时发热量高，发烟量大，且燃烧迅猛，蔓延极快。

③ 容易造成人员伤亡。公交车由于空间狭小封闭，人员拥挤，逃生困难，容易造成人员伤亡和财产损失。

(2) 车祸。公交车车祸事故主要包括翻车、落水、碰撞等，在发生车祸时，应该第一时间离开车体，并在确保安全的前提下及时报警。

(3) 卫生安全。公交车上人员流动性大，人员构成复杂，不排除有病菌携带者甚至传播者，而且，卫生状况也不容乐观，车内外的灰尘、飞沫等都会加重车内环境污染。

(4) 偷盗。公交车偷盗行为比较常见，尤其在人流拥挤的上下班时段，是偷盗者活动的高峰期。

(5) 自然灾害。

公交车遇到的自然灾害主要有以下几种：

① 高温。夏季时易出现高温天气，当气温高于 35 度时，乘客应避免乘坐非空调车，此时车内空气质量较差，温度较高，极易中暑。

② 雷击。雷击是较频繁的自然灾害之一，雷雨天气最好避免出门。

③ 台风。台风期间尽量不要外出。若在公交车上，用双手抓住扶手或椅背，双脚抵住固定物，稳定自己的身体。

2. 公交车逃生技巧

公交车逃生技巧主要有以下几种：

(1) 旋转应急开关。公交车车门上方显眼处一般设有一个红色按钮，称为应急开关。如果车门无法正常开启，乘客可以按箭头指示方向旋转应急开关，如果听到"嘶嘶"声，则表示气阀内的气压已放掉，可用手推开车门。

(2) 逃生锤砸开侧窗。每辆公交车上都装有 4～5 个逃生锤，均设在驾驶员和车窗附近。危急情况下，乘客可取下逃生锤，用锤尖用力锤击车窗玻璃的四角，击碎玻璃后清除车窗上的玻璃碎片，然后从车窗逃出。

(3) 推开车顶天窗。公交车车厢前后有两个换气用的天窗，当遇到紧急情况时，乘客可以按箭头指示方向旋动天窗一侧的按钮，然后用力向上，推开天窗，就可以踩着座椅等爬上天窗，安全逃生。

四、公共场所逃生

人员集中的公共场所是安全事故的高发地点，因此，掌握公共场所相关安全知识，培养良好的心理素质，才有可能在危急关头做出正确判断，避免造成伤害。

1. 公共场所

公共场所是指人群经常聚集、供公众使用或娱乐的活动场所，主要有宾馆饭店、影剧院、学校、大型商场、超市、体育场馆、公共交通车站等人员高度密集的场所。

2. 公共场所发生火灾的原因

公共场所发生火灾的原因主要有以下几个方面：

(1) 使用的电热杯、电炉子等设备长期通电，不及时关闭电源，如果线路老化加上超负荷运转，电源绝缘皮损坏，容易造成短路起火，从而酿成火灾事故。

(2) 由于用电设备和用电量变化无常，为了临时用电而在原有的线路上接入大功率电器设备，使其长期过载运行，破坏了线路的绝缘体，导致起火，引起火灾。

(3) 有的电工对线路缺乏维护和检修，致使年久使用的线路绝缘破损后发生漏电、短路等引起火灾。

(4) 采用铜铝导线连接，接触不良或使用时间过长，造成接触电阻过大，致使打出火花或接点温度过高而引起火灾。

(5) 使用移动灯具时，插头和插座接触不良而发热起火；照明灯具的位置与可燃物的距离过近，也会因温度过高而燃烧起火。

(6) 公共场所乱扔烟头或点烟工具，也是造成火灾的主要原因。

(7) 有的在公共场所使用鞭炮、烟火等易燃易爆物品而引起火灾。

(8) 违规使用电、气焊而不采取安全措施，致使火花落在可燃物上引起火灾。

(9) 停电时，使用蜡烛照明，操作失误引燃可燃物引起火灾。

3. 公共场所人员聚集引起的危害

公共场所由于人员聚集，情况比较复杂，容易引起诸多突发性危害，应引起人们足够重视。下面介绍两种公共场所人员聚集造成的伤害及其应对方法。

(1) 拥挤骨折。当有人发生骨折时，须及时送医院救治，相关人员应做力所能及的初步处理。

(2) 心脏病猝发。如果有人出现心脏病猝发，切忌将患者直接抬着或背着去医院，而应让其就地平躺，头略高，由患者亲属或其他相关人员从患者口袋中寻找备用药物，让其服用；同时，请附近医院的医生前来救治，待病情稍稳定后立即送医院救治。

4. 公共场所火灾的逃生方法

1) 商场火灾的逃生方法

(1) 利用疏散通道逃生。每个商场都按规定设有室内楼梯、室外楼梯，有的还设有自动扶梯、消防电梯等，发生火灾后，尤其是在初期火灾阶段，这些都是逃生的良好通道。

(2) 自制器材逃生。商场(集贸市场)是物质高度集中的场所，商品种类繁多，发生火灾后，可利用逃生的物资是比较多的。例如，将毛巾、口罩浸湿后可制成防烟工具，用来捂住口、鼻，利用绳索、布匹、床单、地毯、窗帘来开辟逃生通道。

(3) 利用建筑物逃生。发生火灾时，可利用落水管、房屋内外突出部分和各种门、窗及建筑物的避雷网(线)进行逃生，或转移到安全地域再寻找机会逃生。

(4) 寻找避难处所。在无路可选的情况下应积极寻找避难处所，如室外阳台、楼房房顶等待救援；选择火势、烟雾难以蔓延的房间关好门窗，堵塞间隙。房中如有水源，要立刻将门、窗和各种可燃物浇湿，以阻止或减缓火势和烟雾的蔓延。

2) 地下商场火灾的逃生方法

(1) 要有逃生意识。凡是进入地下商场的人员，一定要对其设施和结构布局进行观察，熟记疏散通道和安全出口位置。

(2) 防止火势扩大。地下商场一旦发生火灾，要立即关闭空调系统，停止送风，防止火势扩大。同时，应立即开启排烟设备，迅速排出地下室内的烟雾，以降低火场温度和提高火场能见度。

(3) 迅速撤离危险区。采取自救或互救手段迅速疏散到地面、避难间、防烟室以及其他安全地带。

(4) 灭火与逃生相结合。关闭防火门，防止火势蔓延，或采用窒息灭火方法，把初起之火控制在最小范围内，尽一切可能将其扑灭。

(5) 低姿势前进。逃生时，尽量以低姿势前进，不要做深呼吸。在可能的情况下，用湿衣服或毛巾捂住口鼻，防止烟雾进入呼吸道。

(6) 等待救援。当疏散通道被大火阻断时，应尽量想办法延长生存时间，等消防队员前来救援。

3) 娱乐场所火灾的逃生方法

(1) 逃生时必须冷静。由于进出歌舞厅等娱乐场所的顾客随意性大，密度很高，而且是在晚上，灯光暗淡，失火时容易造成人员拥挤，在混乱中发生挤伤踩伤事故。因此，只有保持清醒的头脑，明辨安全出口方向和采取一些紧急避难措施，才能掌握主动，减少人员伤亡。

(2) 积极寻找多种途径逃生。在发生火灾时，首先应该想到通过安全出口迅速逃生。特别要提醒的是：由于一些歌舞厅只有一个安全出口，因此在逃生的过程中，一旦人们蜂拥而出，极易造成安全出口的堵塞，使人员无法顺利通过而滞留火场。此时应克服盲目从众心理，果断放弃从安全出口逃生的想法，选择其他安全方法逃生。

(3) 等待救援。设在高层建筑中的歌舞厅等娱乐场所发生火灾时，逃生通道被大火和浓烟堵截，且找不到辅助救生设施时，被困人员应暂时逃向火势较轻的地方，向窗外发出救援信号，等待消防人员营救。

(4) 互相救助逃生。在歌舞厅等娱乐场所进行娱乐活动的年轻人比较多，身体素质好，可以互相救助脱离火场，或帮助年长者逃生。

(5) 在逃生过程中要防止中毒。由于歌舞厅等娱乐场所四壁和顶部有大量的塑料、纤维等装饰物，一旦发生火灾，将会产生有毒气体，因此，在逃生过程中，应尽量避免大声呼喊，防止烟雾进入口腔。若有条件，可用水将衣服打湿捂住口腔和鼻孔（一时找不到水时，可用饮料打湿衣服），采用低姿行走或匍匐爬行，以减少烟气的危害。

练　习　题

一、单项选择题

1. 火警电话是(　　)。

A. 110　　　　　　　　　B. 119　　　　　　　　　C. 122

2. 准许行人通过人行横道的信号是(　　)。

A. 红灯亮　　　　　　　　B. 绿灯亮　　　　　　　　C. 绿灯闪烁

3. 下列答案中属于遵守交通法规的行为的是(　　)。

A. 穿越隔离带　　　　B. 在车行道上滑滑板　　　C. 在机动车前排乘坐系安全带

4. 在我国，道路上行驶的车辆必须遵守(　　)。

A. 右侧通行的原则　　　　B. 左侧通行的原则　　　　C. 中间通行的原则

5. 未满(　　)周岁的儿童不准在道路上骑自行车。

A. 8　　　　　　　　　　B. 12　　　　　　　　　　C. 16

6. 火灾现场不正确的逃生方法是(　　)。

A. 用湿毛巾捂住口鼻

B. 披上用水浸湿的衣物向安全出口逃离

C. 慌不择路，从高楼上跳窗而逃。

7. 破坏性地震是指(　　)级以上的地震。

A. 2　　　　　　　　　　B. 5　　　　　　　　　　C. 6

8. 一个人在家时，如果遇到陌生人想要强行入室，应该(　　)。

A. 迅速打开门让他进来　　　　　　B. 紧张得不知所措

C. 立即到窗口大声叫喊或拨打 110 报警

9. 被歹徒勒索钱物后应该(　　)。

A. 由于怕父母批评，谎称钱物丢失了

B. 害怕报复，花钱保平安

C. 及时报告老师和家长或者拨打报警电话 110

10. 在火灾现场，未成年人要坚持的原则是(　　)。

A. 先救火再逃生　　　B. 先逃生　　　　　　　C. 边救火边逃生

11. 遇到陌生人给你食物，你应该(　　)。

A. 接过来就吃　　　B. 出于礼貌，不好意思不吃　　C. 拒绝接受

12. 每年的 11 月 9 日被确定为(　　)。

A. 消防安全日　　　B. 安全生产日　　　　　　C. 禁毒日

13. 上体育课时容易导致伤害事故的做法是(　　)。

A. 听从教师指挥完成规定动作

B. 离开教师的保护，擅自做有危险的器械动作

C. 在指定区域内有序开展活动

14. 遇到不了解真相的网友约你见面，你应该(　　)。

A. 欣然前往　　　B. 无所谓　　　C. 保持高度的警觉，不能去约见

15. 乘坐出租车要在车停稳后从(　　)门下车。

A. 左边的　　　B. 右边的　　　C. 随意的

16. 过马路时应该先看左边，走到路中央时再看右边，这种说法(　　)。

A. 对　　　　B. 不对

17. 汽车的转向灯左边闪烁时，汽车向(　　)。

A. 左转　　　　B. 右转

18. 汽车车尾白灯闪烁时，表示汽车(　　)。

A. 前进　　　　B. 倒车

19. 行人可以搭乘自行车、人力货运三轮车、轻便摩托车吗?(　　)

A. 能　　　　B. 不能

20. 在(　　)滑旱冰或滑板才安全。

A. 禁止机动车行驶和停泊的地方　　　B. 宽敞的马路上　　C. 胡同里

21. 经过一个有信号灯的铁路道口时，应该(　　)。

A. 直接从铁路上穿过去　　　　B. 看看左右没火车就快速走过去

C. 在准许通过的信号灯亮时通过

22. 大量运动之后，应该(　　)来恢复体力，补充水分。

A. 适当地补充淡盐水　　　　B. 大量饮水　　　C. 喝糖水

23. 小明的父母下班比较晚，他每天放学都自己回家。这天回到家，发现家里的门半开着，透过门缝小明发现家里很乱，而且隐约听到有陌生人的声音。如果你遇到这种情况，应(　　)。

A. 赶快进去看看到底发生了什么事

B. 赶快想办法打 110 报警

C. 叫上小区的朋友，一起进去

24. 如果看到有汽车撞人后要逃跑，你应该(　　)。

A. 记下车牌号并报警　　　B. 告诉老师或家长　　　C. 不需要做任何事

25. 在有人行道的路上，你应该(　　)。

A. 走人行道　　　　　　B. 走非机动车道　　　　C. 随心所欲，哪儿没车走哪儿

26. 每年的"中小学生安全教育活动月"在(　　)。

A. 三月　　　　　　　　B. 六月　　　　　　　　C. 十一月

27. 坐在火车上，对面的乘客请你喝他带的可乐，应该(　　)。

A. 向他表示感谢，但不接受他的可乐

B. 接过可乐，并说声"谢谢"

C. 不吭声，保持沉默

28. 当你独自在家，有陌生人敲门时，最好的做法是(　　)。

A. 始终不开门

B. 觉得对方的理由充分就开门

C. 把门打开问他有什么事

29. 非机动车应当在(　　)停放，未设停放地点的，应停放在(　　)。

A. 规定地点，不妨碍其他车辆和行人通行的地点

B. 规定地点，不妨碍其他车辆和行人通行的路边

C. 规定地点，人行道上

D. 规定地点，非机动车道上

30. 李明今年 9 岁，李明的姐姐今年 11 岁，下列说法正确的是(　　)。

A. 李明不可以驾驶自行车上路行驶，李明的姐姐可以

B. 李明和他姐姐都能驾驶自行车上路行驶

C. 李明和他姐姐都不可以驾驶自行车上路行驶

D. 李明的姐姐骑车带李明上路行驶

二、多项选择题

1. 非机动车是指(　　)。

A. 摩托车　　　B. 电动自行车　　　C. 自行车　　　D. 轻便摩托车

2. 驾驶自行车时不得(　　)。

A. 攀扶车辆　　　B. 牵引或者被牵引　　　C. 互相追逐　　　D. 手中持物

3. 驾驶自行车上路行驶应当保持(   )。

A. 制动器(刹车)良好   B. 车铃良好

C. 夜间反光装置良好   D. 颜色鲜艳

4. 乘坐机动车时不得将(   )伸出车外。

A. 头   B. 手   C. 脚   D. 身体其他部位

5. 下列错误的是(   )。

A. 在道路上玩滑板   B. 追车、抛物击车

C. 在道路上学骑自行车   D. 在车行道内坐卧、停留、嬉闹

6. 驾驶自行车在路段上横过机动车时应当(   )。

A. 加速骑过   B. 下车推行   C. 斜向通过   D. 垂直通过

7. 乘坐机动车时应当杜绝(   )。

A. 携带易燃、易爆危险物品   B. 向车外抛洒物品

C. 干扰驾驶员安全驾驶   D. 将头、手等身体部位伸出窗外

8. 非机动车通过有交通信号灯控制的交叉路口时应当(   )。

A. 转弯的车让直行的车，行人优先通行

B. 前方路口交通阻塞时，不得进入路口

C. 左转弯时，靠路口中心点的右侧转弯

D. 遇有停止信号时，应当依次停在路口停止线以外，没有停止线的，停在路口以外

9. 道路交通表线分为(   )。

A. 指示标线   B. 警告标线   C. 禁止标线   D. 禁令标线

10. 交通信号分为(   )。

A. 交通信号灯   B. 交通标志   C. 交通标线   D. 交警指挥

11. 车道可以划分为(   )。

A. 机动车道   B. 非机动车道   C. 人行道   D. 专用车道

12. 在没有交通信号灯的路口横过马路时，应当(   )。

A. 听从交通警察指挥   B. 确认安全后通行

C. 横冲直撞   D. 加速跑过道路

13. 非机动车通过没有交通信号灯控制也没有交通警察指挥的交叉路口时，应当
(   )。

A. 有交通标志、标线控制的，让优先通过的一方先行

B. 没有交通标志、标线控制的，在路口外慢行或者停车查看，让右方道路的来车
先行

C. 相对方向行驶的右转弯的非机动车让左转弯的车辆先行

D. 相对方向行驶的左转弯的非机动车让右转弯的车辆先行

14. 容易造成意外伤害的做法有( )。

A. 雷雨时，不使用电话或观看电视

B. 玩弄火柴，打火机等

C. 用潮湿的手触摸电器开关或插头

15. 容易造成喉咙被卡住的事情有( )。

A. 吃鱼时狼吞虎咽

B. 吃饭时，边吃边说笑

C. 吃果冻时，用小勺挖着慢慢吃

16. 容易引起火灾的做法是( )。

A. 在柴草前燃放鞭炮　　　B. 随手扔未灭的烟头　　　C. 祭祀时烧香烧纸

17. 乘坐公共汽车时要做到( )。

A. 在指定地点依次候车，先下后上

B. 不把头、手、胳膊伸出窗外

C. 不带危险品乘车

18. 如果遇到同学中暑或晕厥，你应该( )。

A. 扶他到医务室找校医

B. 把他扶到阴凉处及时补充水分

C. 用手指掐嘴唇上方的人中穴

19. 雨雪天气在路上行走要注意( )。

A. 尽量穿色彩鲜艳的雨衣

B. 手撑雨伞尽量不要挡住行进的视线

C. 没带雨具，慌不择路，赶快找地方避雨

20. 造成食物中毒的原因有( )。

A. 食用腐烂变质的食品

B. 使用劣质原材料加工食品

C. 没有饭前洗手等良好的卫生习惯

第3章　公 共 安 全

3.1　国 家 安 全

国家安全关系到国家的生死存亡。国家安全是指国家政权、主权、统一和领土完整、人民福祉、经济社会可持续发展和国家其他重大利益相对处于没有危险和不受内外威胁的状态，以及保障持续安全状态的能力。国家安全工作应当坚持总体国家安全观，以人民安全为宗旨，以政治安全为根本，以经济安全为基础，以军事、文化、社会安全为保障，以促进国际安全为依托，维护各领域国家安全，构建国家安全体系，走中国特色国家安全道路。中央国家安全领导机构负责国家安全工作的决策和议事协调，研究制定、指导实施国家安全战略和有关重大方针政策，统筹协调国家安全重大事项和重要工作，推动国家安全法治建设。

一、危害国家安全的行为

危害国家安全的行为主要有以下几种：

(1) 阴谋颠覆政府，分裂国家，推翻社会主义制度。

(2) 参加间谍组织或接受间谍组织及其代理人的任务。

(3) 窃取、刺探、收买、非法提供国家秘密。

(4) 策动、勾引、收买国家工作人员叛变。

(5) 进行危害国家安全的其他破坏活动。

二、公民维护国家安全的义务和权利

国家安全不仅关乎国家的兴亡，还关乎每个公民的切身利益。中华人民共和国公民、一切国家机关和武装力量、各政党和各人民团体、企业事业组织和其他社会组织，都有维护国家安全的责任和义务。

(1) 义务。由法律规定的公民和组织的义务，是国家运用法的强制力保障实施的，是不能放弃而又必须履行的。违者，就可能要负法律责任。国家安全法对公民和组织

维护国家安全作如下七个方面的规定：

① 遵守宪法、法律法规关于国家安全的有关规定。

② 及时报告危害国家安全活动的线索。

③ 如实提供所知悉的涉及危害国家安全活动的证据。

④ 为国家安全工作提供便利条件或者其他协助。

⑤ 向国家安全机关、公安机关和有关军事机关提供必要的支持和协助。

⑥ 保守所知悉的国家秘密。

⑦ 法律、行政法规规定的其他义务。

任何个人和组织不得有危害国家安全的行为，不得向危害国家安全的个人或者组织提供任何资助或者协助。

(2) 权利。一切法律权利都会受国家的保护，一旦受到侵害，享有权利者有权向有关部门申诉和请求保护，对于侵犯权利情节恶劣者，可要求追究其刑事责任。

《中华人民共和国反间谍法》规定，"任何个人和组织对国家安全机关及其工作人员超越职权、滥用职权和其他违法行为，都有权向上级国家安全机关或者有关部门检举、控告。" "对协助国家安全机关工作或者依法检举、控告的个人和组织，任何个人不得压制和打击报复。"权利是法律赋予的，只有依法行使，才能受到保护，如果故意捏造或者歪曲事实进行诬告陷害的，要依法惩处，构成犯罪的还会被追究刑事责任。

三、大学生维护国家安全

每位大学生都应当成为国家安全和利益的自觉维护者。

(1) 要始终树立国家利益高于一切的观念。坚持总体国家安全观，是习近平新时代中国特色社会主义思想的重要内容。党的十九大报告强调，统筹发展和安全，增强忧患意识，做到居安思危，是我们党治国理政的一个重大原则。必须坚持国家利益至上，以人民安全为宗旨，以政治安全为根本，统筹外部安全和内部安全、国土安全和国民安全、传统安全和非传统安全、自身安全和共同安全，完善国家安全制度体系，加强国家安全能力建设，坚决维护国家主权、安全、发展利益。

(2) 要努力熟悉有关国家安全的法律。有人统计，涉及国家安全和保密工作的法律、法规、规章制度众多：宪法、国家安全法、保密法、刑法、刑事诉讼法、科学技术保密规定、出国留学人员守则……对于这些法律应该有所了解，弄清什么是合法，什么是违法，可以做什么，不可以做什么，对遇到的法律界限不清的问题，要肯学、勤问、慎行。

(3) 要善于识别各种伪装。现实生活中，有关国家安全的常识、规定都比较完善了，依规行事不会出什么大问题，但是，实际生活比我们想象的要复杂得多。比如，有的间谍情报人员采用五花八门的手段，套取国家秘密、科技政治情报和内部情况。如果丧失警惕，就可能上当受骗，甚至违法犯罪。因此，在对外交往中，既要热情友好，又要内外有别、不卑不亢；既要珍惜个人友谊，又要牢记国家利益；既可争取各种帮助、资助，又不失国格、人格。识别伪装既难又易，发现别有用心者，要依法及时举报，进行斗争，决不准其恣意妄行。

(4) 要克服妄自菲薄等不正确思想。任何国家都有自己需要保护的关于政治、经济、文化、军事、科技、资源等方面的秘密。中国虽然是发展中国家，但也存在着一系列国家秘密和单位秘密，对这一切，如果没有正确的认识，就可能在许多问题上产生错误的看法，乃至做出亲者痛仇者快的事情来。

(5) 要积极配合国家安全机关的工作。当国家安全机关工作人员表明身份和来意之后，每个同学都应当积极配合工作，按照国家安全法赋予的七条义务的要求，认真履行职责。尽力提供便利条件或其他协助，如实提供情况和证据，做到不推、不拒，更不以暴力、威胁的方法阻碍执行公务，还要切实保守好已经知晓的国家安全工作的秘密。

四、国防安全教育

《中华人民共和国国防教育法》规定，普及和加强国防教育是全社会的共同责任。学校的国防教育是全民国防教育的基础，是实施素质教育的重要内容。高等学校应当设置适当的国防教育课程，并应当将课堂教学与军事训练相结合，对学生进行国防教育。并将国防教育列入学校的工作和教学计划，采取有效措施，保证国防教育的质量和效果。教育部制定的《普通高等学校军事课教学大纲》中对此强调指出，学生军训是普通高校本、专科学生的必修课，学校要纳入教学计划。普通高校本、专科的军事理论课教学时间为 36 学时，军事技能课训练时间为 2～3 周。

(1) 高校开展国防教育是当前国际形势的需要。

尽管和平与发展是当今时代主题，但霸权主义和强权政治仍然存在。国际敌对势力处心积虑遏制中国的发展，千方百计地推行西化，千方百计地进行思想渗透；策划颠覆破坏活动，企图搞垮国家政权；搜集情报，窃取中国政治、军事、经济、科技等重要情报。我们必须时刻提高警惕，掌握必要的国防常识，随时为祖国领土完整和主权独立作出贡献。

(2) 高校开展国防教育是加强国防建设的需要。

高校是培养强大国防预备役力量的重要阵地。现代高科技战争，需要高质量、高素质的预备役力量，而军校的培养远远不能满足现代战争的需要。作为培养高级专业技术人才的高校，理所应当承担起这份责任和义务。《中华人民共和国兵役法》规定，受过军训的大学生是预备役军官的重要来源和战争动员的主要对象。

(3) 国防教育有利于培养国防后备人才，促进国防现代化。

我国国防建设一直坚持走精干的常备军和强大的后备力量相结合的道路，这也是我国新时期国防建设的根本指导思想。大学生作为一个特殊的社会群体具有较高的科学文化素质，易于掌握现代科技知识。如果抓好这个群体的国防教育，我们便储备了一大批既具有较高科学文化素质，又掌握了一定军事技能的高素质的国防后备力量。为此，对大学生需要进行军事理论教学以及必要的军事训练，以便必要时为部队输送高技术军事人才，成为战时扩建、组建部队的骨干，为打赢未来高技术局部战争创造条件，为国防建设和军事斗争提供有力保障。

未来高技术条件的局部战争仍要坚持人民战争。随着科学技术的飞速发展和大批高新技术用于军事领域，虽然在一定程度上看，传统的人民战争的方式已经过时了。但是，人民战争的理念不能丢。在新的形势下，人民战争仍有它存在的意义，如信息战、网络战等一些没有硝烟的战争，人民群众中的技术群体会大有作为。他们可以充分发挥其聪明才智投入到维护国家安全的行列中来。那么，我们的青年学生，无论是在校生还是毕业生，如果受过较好的大学国防教育，走上社会之后，他们之中的绝大多数将成为各行各业的骨干力量，他们的一言一行、一举一动都将影响着周围的人，而一部分也许还将走上领导岗位，其影响和作用就更大了。在和平时期，他们是国防教育的骨干，而一旦战争发生，他们便可以成为人民战争的排头兵，能发动和组织广大群众参与战争，形成强大的合力，取得战争的胜利，为未来高技术条件下的人民战争打牢了坚实的基础。

3.2　网　络　安　全

计算机系统的出现是人类历史上相当重要的一次信息革命，它从1946年诞生至今，经历了科学计算、过程控制、数据加工、信息处理等应用发展过程，功能逐步完善，现已进入普及应用阶段。网络技术的应用，使得原先在空间、时间上分散、独立的信息，形成庞大的信息资源系统。网络资源的共享极大地提高了信息系统中信息的有效使用价值。然而，网络是一把双刃剑，一方面，网络丰富的资源为大学生的学习和娱乐生活提供了便捷条件，激发了他们的学习兴趣和求知欲望，提供给他们接受多种教育和施展创新才能的环境；另一方面，大学生由于迷恋网络，缺乏安全意识，所产生的一系列问题，如网络诈骗、个人信息泄露等，已经成为教育界乃至全社会共同关注的问题。在中国法律管辖的范围内，所有利用计算机信息系统及互联网从事活动的组织和个人，都不得进行相关的违法犯罪活动，否则，必将受到法律制裁。

一、网络诈骗的常见类型

网络诈骗常见类型主要有以下几种：

1. 盗取网络社交账号和利用网络游戏交易进行诈骗

犯罪分子使用黑客程序破解用户密码，然后冒名顶替向用户的网络社交好友借钱，大家如果遇到类似情况一定要提高警惕，摸清对方的真实身份。需要特别当心的是，一些犯罪分子盗取图像用于聊天，遇上这种情况，最好先与朋友通过打电话等途径取得联系，防止被骗。

2. 利用网络游戏装备及游戏币交易进行诈骗

随着网络游戏产业的快速发展，近年来，针对虚拟网络游戏的诈骗案件不断增多，常见的诈骗方式有三种：一是低价销售游戏装备。犯罪分子利用某款网络游戏，进行游戏币及装备的买卖，在骗取玩家信任后，让玩家通过线下银行汇款的方式，待得到钱款后即食言，不予交易；二是在游戏论坛上发表提供代练，待得到玩家提供的汇款及游戏账号后，代练一两天后连同账号一起侵吞；三是在交易账号时，虽提供了比较详细的资料，待玩家交易结束并使用了几天后，账号就被盗走，由此造成经济损失。

3. 打着"网络兼职"的旗号诈骗

以"某宝刷单，坐在家里就能赚钱，不分地区时间，轻松自由"等为口号，设置陷阱，进行诈骗。该类诈骗起初一般会如约将刷单的本金和佣金打入兼职者账户，随着兼职者慢慢入套，刷单的金额越来越大，诈骗分子会以卡单、账户异常等借口为由无法将本金和佣金打入兼职者账户，后继续哄骗兼职者投入更多的资金用于刷单解锁账户。

4. 以"网上中奖"为诱饵进行诈骗

犯罪分子利用传播软件随意向互联网社交软件用户、邮箱用户、网络游戏用户、网购账号等发布中奖提示信息，当被害人按照指定的"电话"或"网页"进行咨询查证时，犯罪分子便以中奖缴税等各种理由让被害人多次汇款，然后彻底失联。当收到一些来历不明的中奖提示时，不管内容有多么逼真诱人，千万不可轻信，更不要轻易按照提示中所写的咨询电话或网页进行查证。

二、网络诈骗的主要手段

(1) 网络兼职诈骗。以帮网店"刷信誉"便可赚取佣金施骗。"兼职人员"需交纳培训费、垫付货款完成购买任务。由于受害者购物使用账号、密码均由"雇佣者"提供，货品会被诈骗分子迅速提走。

(2) 网络游戏交易诈骗。诈骗分子针对游戏玩家有游戏充值、装备升级、账号转让等需求开设虚假网游交易平台，骗取充值金额，并不断以保证金、解冻费等为名连续施骗。

(3) 网购、批发诈骗。以低价、免税、批发等诱使网民上当，在受害者打款后继续冒充物流公司要求缴纳"保证金"。

(4) 博彩预测、投资咨询诈骗。诈骗分子利用一些人渴求一夜暴富的心理，声称可对彩票、股票等投资活动进行精确预测，诱骗网民缴费入会，并不断巧立名目收费。

(5) 冒充家电维修官方客服。发布假冒家电维修客服联系方式或建立假冒官方网站，在上门服务时以次充好骗取高额维修费用。

(6) 冒充公检法诈骗。犯罪分子冒充公检法工作人员拨打受害人电话，以受害人身份信息被盗用涉嫌洗钱犯罪为由，要求将其资金转入国家账户配合调查。

(7) 医保、社保诈骗。犯罪分子冒充社保、医保中心工作人员，谎称受害人医保、社保出现异常，可能被他人冒用、透支，涉嫌洗钱、制贩毒等犯罪，之后冒充司法机关工作人员以公正调查，便于核查为由，诱骗受害人向所谓的"安全账户"汇款实施诈骗。

(8) 解除分期付款诈骗。犯罪分子通过专门渠道购买购物网站的买家信息，再冒充购物网站的工作人员，声称"由于银行系统错误原因，买家一次性付款变成了分期付款，每个月都得支付相同费用"，之后再冒充银行工作人员诱骗受害人到 ATM（自动取款机）机前办理解除分期付款手续，实则实施资金转账。

(9) 包裹藏毒诈骗。犯罪分子以受害人包裹内被查出毒品为由，称其涉嫌洗钱犯罪，要求受害人将钱转到国家安全账户以便公正调查，从而实施诈骗。

(10) 金融交易诈骗。犯罪分子以某某证券公司名义通过互联网、电话、短信等方式散布虚假个股内幕信息及走势，获取受害人信任后，又引导其在自身搭建的虚假交易平台上购买期货、现货，从而骗取股民资金。

(11) 票务诈骗。犯罪分子冒充航空公司客服人员以受害人"航班取消、提供退票、改签服务"为由，逐步将其引入诈骗圈套，要求多次进行汇款操作，实施连环诈骗。犯罪分子利用门户网站、旅游网站、百度搜索引擎等投放广告，制作虚假的网上订票公司网页，发布订购机票、火车票等虚假信息，以较低票价引诱受害人上当。随后，再以 "身份信息不全""账号被冻""订票不成功"等理由要求受害人再次汇款，从而实施诈骗。

(12) 虚构车祸诈骗。犯罪分子虚构受害人亲属或朋友遭遇车祸，需要紧急处理交通事故为由，要求对方立即转账。受害人因情况紧急便按照犯罪分子指示将钱款打入指定账户。

(13) 虚构绑架诈骗。犯罪分子虚构受害人亲友被绑架，如要解救人质需立即打款到指定账户并不能报警，否则"撕票"。受害人往往因情况紧急，不知所措，只得按照犯罪分子指示将钱款打入账户。

(14) 虚构手术诈骗。犯罪分子虚构受害人子女或老人突发急性病需紧急手术为由，要求受害人转账方可治疗。遇此情况，受害人往往心急如焚，便按照嫌疑人指示转款。

(15) 电话欠费诈骗。犯罪分子冒充通信运营企业工作人员，向受害人拨打电话或直接播放电脑语音，以其电话欠费为由，要求将欠费资金转到指定账户。

(16) 电视欠费诈骗。犯罪分子冒充工作人员群拨电话，称以受害人名义在外地开办的有线电视欠费，让受害人向指定账户补齐欠费，否则将停用受害人本地的有线电视并罚款，受害人信以为真，被骗转款。

(17) 购物退税。犯罪分子事先获取受害人购买房产、汽车等信息后，以税收政策调整，可办理退税为由，诱骗受害人到 ATM 机(自动取款机)上实施转账操作，将卡内存款转入骗子指定账户。

(18) 冒充熟人诈骗。犯罪分子获取受害人的电话号码和姓名后，打电话给受害人，让其"猜猜我是谁"，随后根据受害人所述冒充熟人身份，并声称要来看望受害人。随后，编造其被"治安拘留""交通肇事"等理由，向受害人借钱，很多受害人没有仔细核实就把钱打入犯罪分子提供的银行卡内。

(19) 破财消灾诈骗。犯罪分子先获取受害人身份、职业、手机号码等资料，拨打电话自称黑社会人员，受人雇佣要加以伤害，但受害人可以破财消灾，随即提供账号要求受害人汇款。

(20) 冒充领导诈骗。犯罪分子获知上级机关、监管部门单位领导的姓名、办公电话等有关资料，假冒领导秘书或工作人员等打电话给基层单位负责人，以推销书籍、纪念币等为由，让受骗单位先支付订购款、手续费等到指定银行账号，实施诈骗活动。

(21) 快递签收诈骗。犯罪分子冒充快递人员拨打受害人电话，称其有快递需要签收但看不清具体地址、姓名，需提供详细信息便于送货上门。随后，快递公司人员将送上物品(假烟或假酒)，一旦受害人签收后，犯罪分子再拨打电话称其已签收必须付款，否则会承担严重的后果。

(22) 提供考题诈骗。犯罪分子向即将参加考试的考生拨打电话，称能提供考题或答案，不少考生因为急于求成，便立即将首付款转入指定账户而被骗。

(23) 中奖诈骗。诈骗犯罪分子以热播节目组的名义向受害人手机群发短消息，称其已被抽选为节目幸运观众，将获得巨额奖品，后以需交手续费、保证金或个人所得税等各种借口实施连环诈骗，诱骗受害人向指定银行账号汇款。冒充知名企业诈骗：犯罪分子冒充三星、索尼、海尔等公司名义，预先大批量印刷精美的虚假中奖刮刮卡，通过信件邮寄或雇人投递发送。电子邮件中奖诈骗：通过互联网发送中奖邮件，受害人一旦与犯罪分子联系兑奖，即以"公证费""转账手续费"等各种理由要求受害人汇钱，达到诈骗目的。

(24) 引诱汇款。犯罪分子以群发短信的方式直接要求对方汇入存款，如果受害人正因其他事务准备汇款，因此收到此类汇款信息后，未经仔细核实，便不假思索即把钱款打入犯罪分子账户。

(25) 刷卡消费。犯罪分子群发短信，以受害人银行卡消费，可能泄露个人信息为由，冒充银联中心或公安民警连环设套，要求将银行卡中的钱款转入所谓的"安全账户"或套取银行账号、密码从而实施犯罪。

(26) 高薪招聘。犯罪分子通过群发信息，以月工资数万元的高薪招聘某类专业人士为幌子，要求受害人到指定地点面试，随后以培训费、服装费、保证金等名义实施诈骗。

(27) 贷款诈骗。犯罪分子通过群发信息，称其可为资金短缺者提供贷款，月息低，无需担保。一旦受害人信以为真，对方即以预付利息、保证金等名义实施诈骗。

(28) 复制手机卡诈骗。犯罪分子群发信息，称可复制手机卡，监听手机通话信息，骗取受害人购买复制卡、预付款等。

(29) 冒充房东诈骗。犯罪分子冒充房东群发短信，称房东银行卡已换，要求将租金打入其他指定账户内，受害人信以为真将租金转出方知受骗。

(30) 钓鱼网站诈骗。犯罪分子以银行网银升级为由，要求受害人登录假冒银行的钓鱼网站，进而获取受害人银行账户、网银密码及手机交易码等信息实施犯罪。

(31) 低价购物诈骗。犯罪分子通过互联网、手机短信发布二手车、二手电脑、海关没收的物品等转让信息，一旦受害人与其联系，即以"缴纳定金""交易税手续费"等方式骗取钱财。

(32) 冒充公司老总诈骗。犯罪分子通过搜索财务人员社交软件账号群，以"会计资格考试大纲文件"等为诱饵发送木马病毒，盗取财务人员使用的社交软件账号，并分析研判出财务人员老板的联系账号，再冒充公司老板向财务人员发送转账汇款指令。

(33) 网购诈骗。犯罪分子开设虚假购物网站或网购店铺，一旦受害人下单购买商品，便称系统故障，订单出现问题，需要重新激活。随后，通过社交软件发送虚假激活网址，受害人填写好网购账号、银行卡号、密码及验证码后，卡上金额不翼而飞。

(34) 虚构色情服务诈骗。犯罪分子在互联网上留下提供色情服务的电话，待受害人与之联系后，称需先付款才能上门提供服务，待受害人将钱打到指定账户后发现被骗。此外，还有违法网站以裸聊、视频交友等诱惑受害人上当。

(35) 办理信用卡诈骗。犯罪分子通过报纸、邮件等刊登可办理高额信用卡的广告，一旦受害人与其联系，犯罪分子以"手续费""中介费""保证金"等形式要求受害人连续转款。

(36) 收藏诈骗。犯罪分子冒充各种收藏协会的办事人员，印制邀请函邮寄各地，称将举办拍卖会并留下联络方式。一旦受害人与其联系，则以预先交纳评估费、保证金、场地费等为由，要求受害人将钱转入指定账户。

(37) ATM 机(自助取款机)告示诈骗。犯罪分子预先堵塞 ATM 机出卡口，并在 ATM 机上粘贴虚假服务热线告示，诱使银行卡用户在卡被吞后与其联系，套取密码，待用户离开后到 ATM 机取出银行卡，盗取用户卡内现金。

(38) 伪基站诈骗。犯罪分子利用伪基站向广大群众发送网银升级、10086 移动商城兑换现金的链接，一旦点击后便在受害人手机上种植可获取银行账号、密码和手机号的病毒，从而进一步实施犯罪。

(39) 社交软件诈骗。伪装身份诈骗：犯罪分子利用社交软件"附近的人"查看周围朋友情况，伪装身份，骗取信任后，随即以资金紧张、家人有难等各种理由骗取钱财。代购诈骗：犯罪分子在社交软件假冒正规微商，以优惠、打折、海外代购为诱饵，待买家付款后，又以"商品被海关扣下，要加缴关税"等为由要求加付，一旦获取购货款则无法联系。爱心传递诈骗：犯罪分子将虚构的寻人、扶困的帖子以"爱心传递"的方式发布朋友圈，诱导善良网民的转发，但帖内所留的联系方式通常为诈骗电话。点赞诈骗：犯罪分子冒充商家发布"点赞有奖"信息，要求参与者将姓名、电话等个人资料发至微信平台，一旦商家套取到足够的个人信息后，即以"手续费""公证费""保证金"等形式实施诈骗。

(40) 二维码诈骗。诈骗分子以降价、奖励为诱饵，要求受害人扫描二维码加入会员，实则附带木马病毒，一旦扫描安装，木马病毒就会盗取银行账号、密码等个人信息。

(41) 利用即时通信平台诈骗。有的诈骗分子盗用网民的即时通信工具账号，冒充身份向通讯录好友借钱行骗。

三、网络安全自我保护

1. 保护个人计算机安全

(1) 要注意防止盗窃计算机的案件发生。在高校经常会发生此类案件。小偷趁学生疏忽、节假日外出、夜晚睡觉不关房门或外出不锁门等机会，偷盗台式电脑、笔记本电脑或掌上电脑，或者偷拆走电脑的 CPU、硬盘、内存条等部件，给学生造成学习困难和经济损失。例如，2006 年寒假期间，某高校某系四名学生利用提前配制好的同学宿舍的钥匙，将 3 个宿舍的 7 台台式计算机拆卸并盗走，案值近 2 万元。经公安部门和保卫处的周密调查、取证，此案告破。其中，一人取保候审，三人被刑事拘留。

(2) 注意防止火灾、水害、雷电、静电、灰尘、强磁场、摔砸撞击等自然或人为因素对计算机的危害，保证计算机的运行环境，保障计算机系统的可靠性、安全性。报纸上曾报道过这样的新闻：一户人家花了一万多元买了一台名牌电脑，没用 20 天主板就坏了。维修人员认为是静电引起的，人身静电"烧毁"了主板，电脑公司不承担保修义务。

(3) 防止计算机病毒侵害电脑，要使用正版软件，不要使用盗版软件或来路不明的软件。从网络上下载免费软件要慎重，注意电子邮件的安全可靠性。不要自己制作或试验计算机病毒。重创世界计算机界的 CIH 病毒，据说是一个台湾大学生制作的，它给全世界带来了非常严重的电子灾难。

(4) 把计算机接入互联网，必须要小心"黑客"的袭击。"防黑十招"的具体内容如下：

① 使用正版防病毒软件并且定期升级更新，这样可以防御"黑客"程序的入侵。

② 如果你使用数字用户专线或电缆调制解调器连接因特网，就要安装防火墙软件，监视数据流动。要尽量选用防火墙软件的最新版本。

③ 设置的网络密码要由数字、字母和汉字混排而成，最好经常性地更换密码。

④ 对不同的网站和程序，要使用不同的口令密码，不要图省事使用统一密码，以防止被"黑客"破译后产生"多米诺骨牌"效应。

⑤ 对来路不明的电子邮件或亲友发来的电子邮件的附件或邮件列表要保持警惕，不要一收到就马上打开。要首先用杀毒软件查杀，确定无病毒后再打开。

⑥ 要尽量使用最新版本的浏览器软件和其他相关软件。

⑦ 下载软件要去声誉好的专业网站，既安全又能保证下载速度。

⑧ 不要轻易给网站留下个人的电子身份资料，不要允许电子商务企业随意储存个人的信用卡资料。

⑨ 只向有安全保证的网站发送个人的信用卡资料。发送信用卡资料时，注意使用有挂锁图标或钥匙形图标的浏览器。

⑩ 输入网址时，注意输入的字母和标点符号要绝对正确，以防误入网上歧途，落入网络陷阱。

(5) 养成文件备份的好习惯。首先是系统软件的备份，重要的软件要多备份并进行写保护，有了系统软件备份就能迅速恢复被病毒破坏或因操作失误而被破坏的系统。其次是重要数据的备份，不要以为硬盘是永不消失的保险数据库。例如，某高校一位研究生把毕业论文存储在笔记本电脑里，没有打印和备份，后来该笔记本电脑丢失，令他十分痛苦，几个月的心血白费了。另外，计算机病毒也会破坏硬盘或数据。

(6) 给计算机买保险。据《中国经济时报》报道，中国人民保险公司开始在全国范围内推广计算机保险。此险种包括计算机硬件损失保险、数据复制费用保险和增加费用险(设备租赁费用险)等，主要承保火灾、爆炸、水管爆裂、雷击、台风、盗抢等导致的硬件损失、数据复制费用和临时租赁费用。不过对于风险难以控制的病毒、"黑客"侵害问题，则列入责任免除条款。

(7) 要树立计算机安全观念，心理上要设防。网络虽好，可是安全问题丛生，网络陷阱密布，"黑客"伺机作案，病毒层出不穷，秩序不是很好，要特别小心。

(8) 保护电脑安全的其他措施：

① 最好选购与周围人的电脑有明显区别的产品，或者在不被人轻易发觉的地方留有显著的辨认标志。

② 当你和电脑分别较久时，如寒暑假等，最好把电脑另存他处。

③ 上网的电脑千万注意防止将密码泄露给他人，并经常更改密码。

2. 保护手机安全

作为普通人的我们，可能并不需要过于担心有关部门窃听、监控手机数据，但一些日常生活中的手机安全问题还是需要注意的，具体如下：

(1) 安全放置手机。

手机一旦被盗取，其中的大量用户信息也随之泄露，包括家庭地址、工作单位、银行卡信息等。所以，外出时应该尽量把手机放在视线所及的地方，减少被盗的概率。

(2) 使用密码锁定手机。

设置开机、锁屏密码，手机屏幕关闭后即可锁定设备，不被他人轻易查看。当然，内置指纹传感器的机型更是多了一层保护。

(3) 设置手机查找功能。

目前的智能手机都具有查找手机的功能。只要开启该功能，就能够通过应用程序实时查看手机位置(需要手机连接无线或蜂窝数据网络)。如果手机丢失，也可以选择清除所有内容，那么手机在下一次连接到网络时会自动开始操作，在一定程度上也能保证用户信息的安全。

(4) 使用安全防护软件。

对于 Android 手机来说，安全防护软件是必要的，虽然这些应用可能会常驻后台，缩短电池寿命，但由于其具备可实时更新的病毒和恶意软件库，因此一旦在手机中发现不良文件就能够及时处理，防止它们恶意损坏或窃取用户数据。

(5) 不连接不安全的无线网络。

虽然现在无线网络已经成了许多公共场所的标准配置，但切记不要轻易连接没有任何加密形式的免费 WiFi。缺乏加密的无线网络会让你的设备暴露在不安全的网络环境中，增加被侵害的风险。

(6) 不随意点击链接。

在网站发布的帖子中也会被放入不安全的链接，使用手机(尤其是 Android 手机)点击这些链接之后，手机会被偷偷植入病毒和恶意软件，从而被窃取信息。

(7) 及时更新手机系统和应用。

很多人不喜欢更新手机系统和应用，这是非常危险的。事实上，手机厂商发布新固件往往是为了修复大量 Bug 和漏洞，应用程序也是如此，即便新固件也存在新问题，但能够让手机暂时安全。

3. 网络诈骗的预防

网络诈骗的预防措施有以下几方面：

(1) 不要随便泄露自己的电话号码及身份信息。现在是信息泛滥的社会，个人信息的泄露异常严重，很多不法分子利用各种手段窃取他人信息，以此为基础，通过电话、网络伪装自己的身份来骗取他人的钱财。

(2) 保持警惕。在收到不利于自己的信息或接到可疑的电话时，不要自己盲目行事，可以与家人沟通商量或到有关部门查询事情真伪，不要轻易给陌生人汇款。

(3) 切勿贪小便宜。在网上购物时，同一商品，有的卖家会用远远低于其他店铺的价格来吸引消费者的眼球。很多消费者，因为看见价格低廉，就赶快下手买下商品，结果花了钱却迟迟不见快递，其实这是卖家已经"卷铺盖走人"了，由此骗取广大消费者钱财。

(4) 网上兼职要谨慎。在微信、QQ 等社交软件中总会流传着高薪聘请打字员、淘宝客服等消息，看到可以在家兼职，很多人都心动不已，但这些信息中存在很多令人争议的地方，在联系负责人时，切勿轻易交钱，以免损害个人利益。

(5) 不随意点开网站。有的危险网站以夺人眼球的标题吸引人们点击进入网站，其实在点进网站的那一刻，用户的信息已经泄露，尤其是那些手机、电脑中信息较多的用户更要注意。

(6) 不随意扫描二维码，注册。现在街上时常会出现扫二维码赠送礼品的活动，很多人觉得只是扫一下二维码就有礼品，很划算，其实这时自己的信息可能已经泄露，给了不法分子可乘之机。

4. 大学生抵御网络诱惑的措施

(1) 对于网络的使用，大学生应扬长避短，利用网络来开阔视野，增长知识和扩大交往面，而不是将自己与现实隔离，在网络上发泄情绪。

(2) 大学生要加强自身的自律性培养，严格控制上网时间，多参加学校组织的户外集体活动，加强身体锻炼，保持正常而有规律的生活作息时间。

四、主动投身网络自律行动

大学生网络自律行动要求大学生能主动、自觉自愿地遵从和践履网络自律的原则、规范。网络自律不是被迫的，既不需要外部监督，也不需要自己的意志努力，而是自然的行为习惯。网络自律行为的理想目标是使大学生生成网络自律品格，以一种稳定、恒久的形式积淀下来。只有形成稳定、恒久的网络自律品格才标志着网络自律行为理想状态的真正实现。大学生可根据自身实际情况，积极参加符合自身网络自律行为发展的实践活动。

(1) 提升网络信息辨别能力。

网络的开放性使得人们传播和交流信息的方式发生了深刻的变革，大大加快了信息的传输速度，而网络的共享性和交互性更是把网络的传播作用发挥得淋漓尽致。然而，在海量信息中，真正正确的、有价值的、能促进大学生身心健康发展的信息伴随着许多虚假信息、垃圾信息，甚至有与大学生的健康成长相悖的低俗内容。认知水平较低、缺乏信息辨别力的大学生很容易受到负面信息的影响而步入歧途。

　　因此，大学生必须提高自己的网络道德认识水平和网络道德判断能力，主动将外在的网络道德规范要求内化为自身的网络道德信念和追求；正确理解网络文化中的多元内容，确立正确的道德评判标准，提高信息批判能力，对社会上出现的争议问题和热点问题要有全面、客观、及时的解读和分析，对发展中的问题要全程跟进，要第一时间占领网络舆论的第一视野；通过去粗取精、去伪存真，理性选择有益的网络资源，为我所用，使网络文化在一定程度上消弭道德教育的空白地带。

　　(2) 积极参与网络活动。

　　大学生应关注网络世界的发展，并积极参与其中，在网络活动中巩固网络自律认知，体验网络自律情感，坚定自身的网络自律意志；自觉加强行为训练，积极响应、自觉履行《文明上网自律公约》《博客服务自律公约》等，使网络自律行为在日常行动中不断得到提升。

　　(3) 自觉培养"慎独"精神。

　　中国儒家思想中的"慎独"精神强调的是依靠个人的自觉，形成道德自律，最终达到"至德"的理想人格。所谓"慎独"，是指人们在独自活动、无人监督的情况下，凭着高度自觉，按照一定的道德规范行动，而不做任何有违道德信念、做人原则之事。"慎独"精神与大学生网络道德培养、人格塑造的目的不谋而合，具有非常重要的现实意义。

　　培养大学生在网络中的"慎独"精神，可以从慎隐、慎微、慎欲、慎辨、慎言、慎行、慎始、慎终八个方面进行：

　　① 慎隐，就是要培养大学生自觉遵守网络道德的习惯。高校应该积极引导大学生从本质上理解并遵守网络道德，使之成为一种自觉自律的行为，唤醒大学生的责任意识，树立网络责任。

　　② 慎微，是指大学生的网络行为要谨慎细致。高校应教育大学生对自己的网络行为保持高度谨慎的态度，使大学生规范和约束自我网络行为中的微小细节，做到防微杜渐。

　　③ 慎欲，就是要增强抵御虚拟空间各种诱惑的能力。高校应加强大学生对于网络诱惑的抵抗力，常打"预防针"，常敲"警钟"，让大学生在面对诱惑时能坚定自我，严格自制，培养自我监督。

　　④ 慎辨，就是要培养大学生明辨是非的能力。面对纷繁复杂的网络环境，高校要注意培养大学生独立分析和自我判断的能力，通过自我的认知和判断，看清虚拟社交空间中的各种善恶美丑，明辨是非曲直。

　　⑤ 慎言，就是要自觉做到在虚拟社交空间中谨慎言语。虚拟社交空间具有身份隐

秘性，其言论不受身份、地位和环境的影响，因此谨慎言语显得尤为重要。高校要培养大学生树立社会主义核心价值体系，严格自律网络行为，不随意转发未经确认的消息，不造谣，不发表不负责任的言论，净化网络语言环境，做到网络言论文明诚信，传递网络文明。

⑥ 慎行，就是要规范网络行为。在虚拟社交空间，言行隐蔽，不文明行为也难以得到有效控制。高校应引导大学生健康文明上网，将现实社会中的文明行为带到虚拟空间中，培养其良好的网络道德行为习惯。

⑦ 慎始，就是要培养正确的网络道德理念。高校应开展网络文明宣传活动，普及网络知识、网络规范，使大学生在思想上树立正确、良好的网络道德观念，进而指导自己的行为。

⑧ 慎终，就是培养大学生最终养成良好的网络道德修养。修养是人在日常生活过程中由正确的世界观、人生观、价值观所养成的良好的个体习惯、行为和思想。网络道德教育是一个长期、持续的过程，高校应持续保持对大学生网络道德养成的关注，与时俱进，持之以恒，引导大学生在虚拟社交空间中时刻保持清醒，养成良好的网络道德修养。

"慎独"是人们对自身行为的"自戒"，是人们道德行为自觉性的最高、最集中的体现。"慎独"在我国古代的道德实践中占有重要的地位，是进行道德修养、完善道德人格的根本途径，在当今时代，对于培养和完善大学生的道德人格也具有重要的现实价值。网络道德是一种慎独的道德。网络行为主体的身份具有很强的隐蔽性，越是这样，越要保持节操，不能放松对自己的道德要求，更不能肆意妄为。要做到慎独，最主要的是要学会在小事情上下功夫，坚持"勿以善小而不为，勿以恶小而为之"的道德信条，要从最基本的网络行为做起，做到在别人看不见时一样不做坏事。大学生要努力培养"慎独"意识，常怀"慎独"之心，常修"慎独"之功，构筑好自身良好的思想道德素质和坚强有力的精神支柱。

(4) 养成良好的上网习惯。

建立健全大学生良好的上网习惯可以着重从以下几方面进行：

一是控制合理的上网时间。每天控制上网时间，尽可能地减少上网频率，不仅有利于身心健康，而且也不会影响正常的现实社会交往。如果上网时间每天为 6~8 小时，那么很容易沉迷于网络，引起性格孤僻、心情抑郁等心理问题。

二是保持健康的上网心态。网络是信息的海洋，无论是娱乐还是工作、学习，大学生都应该保持健康的上网心态。高校应该引导大学生从事健康正当的网络行为，提高他们判断网络信息良莠的能力。

三是养成更新网络软件的习惯。及时更新自己的软件包及加装各种防护系统，这样才可以有效地保护自己的电脑及个人信息，防止给自己及家人带来麻烦，从而维护一个健康有序的网络空间。

3.3　常见传染病防治

传染病是由病原微生物(细菌、病毒、立克次氏体、螺旋体等)和寄生虫(原虫或蠕虫)感染人体和动物后产生的具有传染性的疾病。由病原微生物和寄生虫引起的疾病都属于感染性疾病，但感染性疾病不一定都具有传染性。在感染性疾病中，具有传染性的疾病称为传染病。

一、传染病流行

传染病流行是指传染病在人群中流行的过程，即病原体从感染者排出，经过一定的传播途径，侵入易感者机体而形成新的感染，并不断发生、发展的过程。

1. 传染病流行的基本环节

传染病流行必须具备三个基本环节，即传染源、传播途径和易感人群。三个环节必须同时存在，方能构成传染病流行。

(1) 传染源。传染源是指体内带有病原体，并不断向体外排出病原体的人和动物。动物作为传染源传播的疾病，称为动物性传染病，如狂犬病、布鲁氏菌病等；以野生动物为传染源的传染病，称为自然疫源性传染病，如鼠疫、钩端螺旋体病、流行性出血热等。

(2) 传播途径。病原体从传染源排出体外，经过一定的传播方式，到达并侵入新的易感者的过程，称为传播途径。它分为以下四种传播方式：

① 空气飞沫传播。病原体由传染源通过咳嗽、喷嚏、说话排出的分泌物和飞沫使易感者吸入而受染。例如，流脑、猩红热、百日咳、流感、麻疹等均通过此方式传播。

② 水与食物传播。病原体借粪便排出体外，污染水和食物，易感者通过污染的水和食物受染。例如，菌痢、伤寒、霍乱、甲型病毒性肝炎等，均通过此方式传播。

③ 虫媒传播。病原体在昆虫体内繁殖，完成其生活周期，再通过不同的侵入方式使病原体进入易感者体内。例如，蚊、蚤、蝉、蝇等就是虫媒传播的主要载体。

④ 接触传播。接触传播有直接接触与间接接触两种传播方式。例如，皮肤炭疽、狂犬病等均为直接接触而受染，乙型肝炎为注射受染，血吸虫病、钩端螺旋体病为接

触疫水传染，均为直接接触传播。多种肠道传染病通过污染的手传染，属于间接接触传播。

(3) 易感人群。易感人群对某种传染病病原体缺乏免疫力，易感程度高。新生人口增加、易感者集中、新兵入伍等易引起传染病流行。病后获得免疫、人工免疫均会使人群的易感性降低，进而减少传染病流行或终止其流行。

2. 影响传染病流行的因素

影响传染病流行的因素主要有自然因素和社会因素。

(1) 自然因素。自然因素包括地理因素与气候因素。大部分虫媒传染病和某些自然疫源性传染病都有较明显的地区性和季节性。水网地区气候温和，雨量充沛，草木丛生，适宜于储存宿主；寒冷季节易发生呼吸道传染病，夏秋季节易发生消化道传染病。

(2) 社会因素。社会因素主要涉及人的生活水平、社会卫生保障事业的发展、预防普及等。生活水平低、卫生条件差，可致人们的机体抗病能力降低，无疑会增加感染的机会，这也是导致发生传染病流行的条件之一。

3. 传染病流行的特征

传染病流行有以下五大特征：

(1) 强度特征。传染病流行过程可呈散发、暴发、流行及大流行四个阶段。

(2) 地区特征。某些传染病和寄生虫病只限一定地区和范围内发生，自然疫源性疾病也只限一定地区内发生，此等传染病因有其地域特征，均称地方性传染病。

(3) 季节特征。季节特征是指传染病的发病率随季节的变化而升降，不同的传染病有不同的季节性。季节性的发病率与温度、湿度、传播媒介、人群流动等多种因素有关。

(4) 职业特征。某些传染病(如炭疽、布鲁氏菌病等)与所从事的职业有关。

(5) 年龄特征。例如，某些传染病尤其是呼吸道传染病，在儿童中的发病率更高。

4. 传染病的诊断

对传染病必须在早期就能做出正确的诊断，方能及时隔离和采取有效治疗，从而防止其扩散，杜绝传染病流行。

二、传染病的预防

预防传染病的目的是控制和消灭传染病，从而保护人群健康。针对传染病流行的三个基本环节，应以综合性防疫措施为基础，认真贯彻预防方针。其主要预防措施有以下几个方面。

1. 管理传染源

(1) 对患者和病原体携带者实施管理，要求早发现，早诊断，早隔离，积极治疗患者。《中华人民共和国传染病防治法》规定，传染病分甲、乙、丙三大类。应向有关卫生防疫机构报告疫情的传染病称为法定传染病。

甲类：鼠疫、霍乱。

乙类：新型冠状病毒肺炎、传染性非典型肺炎、艾滋病、病毒性肝炎、脊髓灰质炎、人感染高致病性禽流感、麻疹、流行性出血热、狂犬病、流行性乙型脑炎、登革热、炭疽、细菌性和阿米巴性痢疾、肺结核、伤寒和副伤寒、流行性脑脊髓膜炎、百日咳、白喉、新生儿破伤风、猩红热、布鲁氏菌病、淋病、梅毒、钩端螺旋体病、血吸虫病、疟疾。国家卫健委发布 2020 年 1 号公告：将新型冠状病毒感染的肺炎纳入《中华人民共和国传染病防治法》规定的乙类传染病，并采取甲类传染病的预防、控制措施。将新型冠状病毒感染的肺炎纳入《中华人民共和国国境卫生检疫法》规定的检疫传染病管理。

丙类：流行性感冒、流行性腮腺炎、风疹、急性出血性结膜炎、麻风病、流行性和地方性斑疹伤寒、黑热病、包虫病、丝虫病，除霍乱、细菌性和阿米巴性痢疾、伤寒和副伤寒以外的感染性腹泻病。

传染病疫情报告力求迅速。甲类传染病要求城市必须在 6 小时之内上报卫生防疫机构，农村不得超过 12 小时；乙类传染病要求城市须在 12 小时内上报，农村不得超过 24 小时。卫生防疫人员、医疗保健人员对疫情不得隐瞒、谎报或授意他人隐瞒与谎报。

对病原携带者进行管理，给予必要的治疗。特别要对食品从业人员、托幼机构工作人员等做定期健康检查，一旦发现传染病应及时治疗和调换工作。

对传染病接触者，必须进行医学观察、留观、集体检疫，必要时采用免疫法或药物预防。

(2) 对受感染动物的管理与处理。对动物传染源，有经济价值的野生动物及家畜，应隔离治疗，必要时宰杀并加以消毒。

2. 切断传播途径

根据传染病的不同传播途径可采取不同的防疫措施。对于肠道传染病，应做好床边隔离、吐泻物消毒，加强饮食卫生及个人卫生，做好水源及粪便管理。对于呼吸道传染病，应使室内开窗通风，使空气流通并进行空气消毒，进入人员需戴口罩。对于虫媒传染病，应有防虫设备，并采用药物杀虫、防虫、驱虫，消灭动物媒介。对于外环境中的病原体及传播媒介，可采用物理、化学和生物学方法消除。消毒是切断传播途径的重要手段，要坚持做好疫源地的消毒和预防性消毒工作。

3. 保护易感人群

人工自动免疫是有计划地对易感者进行疫苗、菌苗、类毒苗的接种，接种后免疫力在 1～4 周内出现，可持续数月至数年。人工被动免疫是指紧急需要时，为易感人群注射抗毒血清、丙种球蛋白、胎盘球蛋白、高效免疫球蛋白，注射后免疫力迅速出现，但持续 1～2 个月即失去作用。对某些细菌性感染和原虫感染，也可服用药物预防，如与疟疾、流行性脑脊髓膜炎、猩红热、肺结核等患者的密切接触者可服用抗菌药物预防。

三、传染病的治疗

1. 治疗原则

(1) 治疗与预防相结合。一经确诊就应早期彻底治疗，消灭病原体，控制传染病的流行。治疗本身也是控制传染源的重要预防措施之一。在治疗患者的同时，必须做好隔离、消毒、疫情报告、接触者的检疫与流行病学的调查。

(2) 病人治疗与支持、对症治疗相结合。消灭病原体、中和毒素是最根本的有效治疗措施。支持与对症治疗是增强病原治疗效果、提高治愈率、促使病人早日康复的重要措施，也是实施病原治疗的基础。两者不可偏废其一。

2. 治疗方法

1) 一般治疗

一般治疗是指非针对病原而对机体具有支持与保护的治疗。

(1) 隔离。根据传染病传染性的强弱、传播途径的不同和传染期的长短，收入相应隔离病室。隔离分为严密隔离、呼吸道隔离、消化道隔离、接触隔离与昆虫隔离等。隔离的同时要做好消毒工作。

(2) 护理。病室应保持安静清洁，空气新鲜并保持流通，使病人保持良好的休息状态。良好的临床护理，可谓治疗的基础。对出现休克、出血、昏迷、抽风、窒息、呼吸衰竭、循环障碍等症状的病人进行专项特殊护理，对降低病死率、防止各种并发症的发生有重要意义。

(3) 营养。保证一定热量的供应，根据不同的病情给予流质、半流质富含营养且易消化的食物。对进食困难的病人需喂食、鼻食和静脉补给必要的营养品。

2) 病原与免疫治疗

病原与免疫治疗包括以下几个方面：

(1) 抗生素疗法。病原疗法中抗生素的应用最为广泛。选用抗生素的原则是：① 严格掌握适应证，选用针对性强的抗生素；② 病毒感染性疾病，抗生素无效，不宜选用；③ 用抗生素前需要做病原培养，并按药敏试验选药；④ 对多种抗生素治疗无效的无明热患者，不宜继续使用抗生素，因抗生素的使用发生菌群失调和严重副作用者，应停用或改用其他合适的抗生素；⑤ 对疑似细菌感染又无培养结果的危急病人和免疫力低下的传染病患者可试用抗生素；⑥ 预防性应用抗生素必须目的性明确。

(2) 免疫疗法。① 抗毒素用于治疗白喉、破伤风、肉毒杆菌中毒等外毒素引起的疾病；② 免疫调节剂用于临床治疗的有左旋咪唑、胎盘肽等。

(3) 抗病毒疗法。① 金刚烷胺、金刚烷乙胺可改变膜表面电荷，阻止病毒进入细胞，用于甲型流感的预防；② 碘苷(疱疹净)、阿糖腺苷、病毒唑等用于疱疹性脑炎、乙脑炎、乙型肝炎、流行性出血热等疾病的治疗，此类药可阻止病毒基因的复制；③ 干扰素、拉米夫定、聚肌胞等药用于乙型肝炎、流行性出血热等疾病的治疗，此类药物通过抑制病毒基因起作用。

(4) 化学疗法。常用磺胺药治疗流行性脑脊髓膜炎、氯化喹啉、伯氨喹治疗疟疾、吡喹酮治疗血吸虫病和肺吸虫病用甲硝唑治疗阿米巴病，用海群生治疗丝虫病。喹诺酮类药物对沙门氏菌和各种革兰氏阴性菌、厌氧菌、支原体、衣原体有较强的杀菌作用。

3. 对症与支持治疗

对症与支持治疗包括以下六个方面：

(1) 降温。对高热病人可用头部放置冰袋、酒精擦浴、温水灌肠等物理疗法，也可针刺合谷、曲池、大椎等穴位，超高热病人可用亚冬眠疗法，也可间断使用肾上腺皮质激素。

(2) 纠正酸碱失衡及电解质紊乱。高热、呕吐、腹泻、大汗、多尿等所致失水、失盐、酸中毒等通过口服及静脉输注及时补充纠正。

(3) 镇静止惊。因高热、脑缺氧、脑水肿、脑疝等发生的惊厥或抽风，应立即采用降温、镇静药物、脱水剂等处理。

(4) 心功能不全。应给予强心药，改善血液循环，纠正与解除引起心功能不全的诸因素。

(5) 微循环障碍。补充血容量，纠正酸中毒，调整血管舒缩功能。

(6) 呼吸衰竭。去除呼吸衰竭的原因，保持呼吸道通畅，可以服用呼吸兴奋药，可以用吸氧机、人工呼吸器。

四、校园常见传染病及其防治

1. 流行性感冒

流行性感冒简称流感，是由流感病毒引起的急性呼吸道传染病。临床特点为急起高热，全身酸痛、乏力，或伴轻度呼吸道症状。该病潜伏期短，传染性强，传播迅速。流感病毒分甲、乙、丙三型。其中，甲型流感威胁最大，这是由于流感病毒致病力强，且易发生变异，若人群对变异株缺乏免疫力，易引起暴发流行。迄今世界上已发生过五次大的流行性感冒和若干次小的流行性感冒，造成数十亿人发病，数千万人死亡，严重影响了人们的社会生活和生产建设。

1) 流行性感冒的流行特征

(1) 传染源。流行性感冒的传染源主要来自发病和隐性感染者。发病者自潜伏期末到发病后 5 日内均可有病毒从鼻涕、口涎、痰液等分泌物排出，传染期为一周，以病初 2～3 日传染性最强。甲型流感还有动物传染源，以猪为主，马及鸟类也有可能。

(2) 传播途径。病毒随飞沫传播，如咳嗽、喷嚏、说话等。传播速度和广度与人口密度有关。

(3) 人群易感性。人群普遍易感，感染后对同一抗原型可获不同程度的免疫力，型与型之间无交叉免疫性。

(4) 临床表现。潜伏期为 1～3 日，最短数小时，最长 4 日。各种流感病毒所致症状虽有轻重，但基本表现一致。

2) 流行性感冒的预防

流行性感冒的预防主要有以下几种措施：

(1) 管理传染源病人应就地隔离治疗；单位流行则需集体检疫，并要健全和加强疫情报告制度。

(2) 切断传播途径。流行性感冒的流行期间暂停集会和集体娱乐活动。公共场所需佩戴口罩。不到病人家串门，以减少传播机会。室内应保持空气新鲜，每天开窗通风 1 小时，可用食醋和过氧乙酸熏蒸。病人用过的食具、衣物等应煮沸消毒或阳光暴晒 2 小时，病人居住的房间则还应进行空气消毒。

(3) 药物预防。已有流行趋势的单位，对易感者可进行服用药物的预防。

(4) 流感疫苗接种。近年已研制出流感疫苗和针对性强的甲流疫苗投入临床使用，并取得了较好的预防效果。

3) 流行性感冒的治疗

根据病情不同，可采用一般治疗、对症治疗、抗生素治疗和抗病毒治疗等多种方式。

2. 病毒性肝炎

病毒性肝炎是由多种不同肝炎病毒引起的一组以损害肝脏为主的传染病，包括甲型肝炎、乙型肝炎、丙型肝炎、丁性肝炎及戊型肝炎。临床表现主要是食欲减退，疲乏无力，恶心，腹胀，肝区疼痛，肝脏肿大及肝功能受损。部分病例还伴有发热及黄疸，但多数为无症状感染者。乙型肝炎，尤以丙型肝炎易发展为慢性，少数患者可发展为肝硬化，极少数病例可呈重型肝炎的临床过程。慢性乙型肝炎病毒(HBV)感染及慢性丙型肝炎病毒(HVC)感染均与原发性肝细胞癌的发生有密切关系。

1) 病毒性肝炎的流行特征

(1) 传染源。甲型肝炎的主要传染源是急性患者和隐性患者。病毒主要通过粪便排出体外，自发病前 2 周至发病后 2～4 周内的粪便具有传染性，而以发病前 5 天至发病后一周最强，潜伏后期及发病早期的血液中也存在病毒。唾液、胆汁及十指肠液均有传染性。乙型肝炎的传染源是急、慢性患者和乙肝病毒携带者。病毒存在于患者的血液及各种体液(汗、唾液、泪水、乳汁、羊水、阴道分泌物、精液等)中。急性患者自发病前 2 到 3 个月即开始具有传染性，并持续于整个急性期。丙型肝炎的传染源是急、慢性患者和无症状病毒携带者。病毒存在于患者的血液及体液中。丁型肝炎的传染源是急、慢性患者和病毒携带者。病毒携带者是 HDV 的保毒宿主和主要传染源。戊型肝炎的传染源是急性及亚临床性患者，以潜伏末期和发病初期粪便的传染性最高。

(2) 传播途径。甲型肝炎主要经粪、口途径传播。粪便中排出的病毒通过污染的手、水、苍蝇和食物等经口感染，以日常生活接触为主要方式，通常导致散发性发病，如水源被污染或生食污染的水产品(如贝类动物)，可导致局部地区暴发流行。通过注射或输血传播的概率很小。乙型肝炎的传播途径包括：输血及血制品以及使用污染的注射器或针刺、拔牙等医源性传播；母婴垂直传播(主要通过分娩时吸入羊水、产道血液、哺乳及密切接触传播，通过胎盘感染者为 5%)；生活上的密切接触传播，近年来发现乙型肝炎有家族聚集现象；性接触传播。此外，尚有经吸血昆虫(蚊、臭虫、虱等)叮咬传播的可能性，消化道黏膜破溃时也可经此途径传播。丙型肝炎的传播途径与乙型肝炎相同，以输血及血制品传播为主，且母婴传播不如乙型肝炎多见。丁型肝炎的传播途径与乙型肝炎的相同。戊型肝炎通过粪、口途径传播,水源或食物被污染可以引起暴发流行,也可经日常生活接触传播。

(3) 易感人群。人类对各型肝炎普遍易感,各个年龄均可发病。甲型肝炎感染后机体可产生较稳固的免疫力,在本病的高发地区,成年人血液中普遍存在甲型肝炎抗体,发病者以儿童居多。乙型肝炎在高发地区新感染者及急性发病者主要为儿童,成人患者则多为慢性迁延型及慢性活动性肝炎;在低发地区,由于易感者较多,因此可发生流行或暴发。丙型肝炎的发病以成人较为多见,常与输血和血制品、药瘾者注射、血液透析等有关。丁型肝炎的易感者为 HBsAg 阳性的急、慢性肝炎及无症状携带者。戊型肝炎各年龄普遍易感,感染后具有一定的免疫力。各型肝炎之间无交叉免疫,可重叠感染及先后感染。

(4) 临床表现。各型肝炎的潜伏期长短不一。甲型肝炎为 2～6 周(平均为 1 个月);乙型肝炎为 6 周～6 个月(一般约为 3 个月);丙型肝炎为 5～12 周(平均为 7～8 周)。

2) 病毒性肝炎的预防

(1) 管理传染源。

① 报告和登记。对疑似、确诊、住院、出院、死亡的肝炎病例均应分别按病原学进行传染病报告,专册登记和统计。

② 隔离和消毒。急性甲型及戊型肝炎自发病日起隔离三周;乙型及丙型肝炎隔离至病情稳定后可以出院。各型肝炎宜分室住院治疗。对患者的分泌物、排泄物、血液以及污染的医疗器械及物品均应进行消毒处理。

③ 对儿童接触者进行管理。对急性甲型或戊型肝炎患者的儿童接触者,应进行医学观察 45 天。

④ 对献血员进行管理。献血员在每次献血前应进行体格检查,检测 ALT 及 HBsAg,肝功能异常、HBsAg 阳性者不得献血。有条件时应开展抗 HCV 测定,抗 HVC 阳性者不得献血。

⑤ 对 HBsAg 携带者进行管理。HBsAg 携带者不能献血,可照常工作和学习,但要加强随访,应注意个人卫生和经期卫生,以及行业卫生,以防其唾液、血液及其他分泌物污染周围环境,感染他人;个人食具、刮刀修面用具、洗漱用品等应与健康人分开。HBsAg 阳性者不可从事饮食行业、饮用水卫生管理及托幼工作。

(2) 切断传播途径。

① 加强饮食卫生管理、水源保护、环境卫生管理以及粪便无害化处理,提高个人卫生水平。

② 加强各种医疗器械的消毒处理，注射使用一次性注射器，医疗器械实行一人一用一消毒。

③ 加强对血液及血液制品的管理，做好制品的 HBsAg 检测工作，阳性者不得出售和使用。非必要时不输血或使用血液制品。洗漱用品及食具专用。接触病人后用肥皂和流动水洗手。保护婴儿，切断母婴传播。对 HBsAg 阳性，尤其呈 HBsAg 阳性的产妇所产婴儿，出生后必须立即注射乙型肝炎特异免疫球蛋白及(或)乙型肝炎疫苗。

(3) 保护易感人群。对易感人群进行知识宣传，远离传染源。

3) 病毒性肝炎的治疗

对于病毒性肝炎，目前尚无可靠且效果良好的抗病毒药物。一般采用综合疗法，以适当休息和合理营养为主，根据不同病情给予适当的药物辅助治疗，同时避免饮酒、使用肝毒性药物及其他对肝脏不利的因素。

3. 艾滋病

艾滋病(AIDS)是获得性免疫缺陷综合征的简称，是由人类免疫缺陷病毒引起的一种严重传染病。艾滋病通过性接触及输血或血制品等方式侵入人体，特异性地破坏辅助性 T 淋巴细胞，造成机体细胞的免疫功能严重受损。临床上由无症状病毒携带者发展为持续性全身淋巴结肿大综合征和艾滋病相关综合征，最后并发严重机会性感染和恶性肿瘤。本病目前尚无有效防治方法，病死率极高，已成为当今世界最为关注的公共卫生问题。

1) 艾滋病的流行特征

(1) 传染源。艾滋病的传染源包括艾滋病患者和无症状携带者。病毒存在于血液及各种体液(如精液、子宫阴道分泌物、唾液、泪水、乳汁、脑脊液和尿液)中，并通过相应的途径传播。

(2) 传播途径。艾滋病的传播途径包括性接触传播、血液和注射传播、母婴传播。性接触传播是本病的主要传播途径。医护人员护理艾滋病人时被含血针头刺伤或污染破损皮肤而导致的传染仅占 1%。病毒携带者通过器官移植或者人工授精也可传染该病。密切的生活接触也有传播的可能。

(3) 易感人群。对于艾滋病，人群普遍易感。同性恋和杂乱性交者、药瘾者、血友病患者等多次输血者以及 HIV 感染者的婴儿为本病的高危人群。此外，遗传因素与发病可能也有关系，艾滋病发病者以 HLADR5 型为多。

(4) 临床表现。本病潜伏期较长，感染病毒后短者数月，长者十余年，一般 2~10 年才发生以机会性感染及肿瘤为特征的艾滋病。

2) 艾滋病的预防

(1) 管理传染源。加强国境检疫，禁止 HIV 感染者入境。隔离病人及无症状携带者，对患者血液、排泄物和分泌物进行消毒处理。避免与患者密切接触。

(2) 切断传播途径。加强卫生宣教，禁止各种混乱的性关系，严禁注射毒品。加强血源管理，限制生物制品特别是凝血因子的血液制品进口；防止患者血液等传染性材料污染的针头等利器刺伤或划破皮肤。推广使用一次性注射器。严格进行婚前检查，限制 HIV 感染者结婚。已感染的育龄妇女应避免妊娠、哺乳。

(3) 保护易感人群。目前，HIV 抗原性多肽疫苗及基因疫苗正在研究之中，距大规模临床应用为时尚远。因此，目前的主要措施为加强个人防护，并定期检查，加强公用医疗器械和公用生活物品的消毒。

3) 艾滋病的治疗

对于艾滋病，目前尚无特效疗法，早期抗病毒治疗是关键。

练 习 题

一、单项选择题

1. 国家安全是指国家政权、主权、统一和领土完整、人民福祉、经济社会可持续发展和国家其他重大利益相对处于(　　)，以及保障持续安全状态的能力。

　　A. 不受内部威胁的状态　　　　　B. 没有危险和不受内外威胁的状态

　　C. 没有危险的状态　　　　　　　D. 不受外部威胁的状态

2. 国家安全工作应当坚持总体国家安全观，以人民安全为(　　)，以政治安全为(　　)，以经济安全为(　　)，以军事、文化、社会安全为(　　)，以促进国际安全为依托，维护各领域国家安全，构建国家安全体系，走中国特色国家安全道路。

　　A. 宗旨、根本、基础、保障　　　B. 基础、保障、宗旨、根本

　　C. 根本、基础、保障、宗旨　　　D. 宗旨、基础、保障、根本

3. 中国的主权和领土完整不容侵犯和分割。维护国家主权、统一和领土完整是包括(　　)在内的全中国人民的共同义务。

　　A. 台湾同胞和海外侨胞　　　　　B. 港澳同胞和台湾同胞

　　C. 港澳同胞、台湾同胞和海外侨胞　　D. 港澳同胞和海外侨胞

4. 根据国家安全法的规定，机关、人民团体、企业事业组织和其他社会组织应当对本单位的人员进行(　　)，动员、组织本单位的人员防范、制止危害国家安全的行为。

A. 扩大国防利益　　　　　　　　B. 保护国家安全

C. 维护国家安全的教育　　　　　D. 社会稳定

5. 根据国家安全法的规定, (　　)根据全国人民代表大会的决定和全国人民代表大会常务委员会的决定, 宣布进入紧急状态, 宣布战争状态, 发布动员令, 行使宪法规定的涉及国家安全的其他职权。

A. 中华人民共和国主席　　　　　B. 国防部部长

C. 国务院总理　　　　　　　　　D. 全国人民代表大会常务委员会委员长

6. 根据国家安全法的规定, 公民和组织支持、协助国家安全工作的行为(　　)。

A. 是正当行为　　B. 受党和人民保护　　C. 受法律保护　　D. 受国家保护

7. 国家安全机关的主要任务是(　　)。

A. 维护社会治安秩序和社会稳定

B. 保护公民人身安全和人身自由

C. 主管情报信息收集、反间谍工作和其他有关国家安全的工作

D. 保护公共财产和个人合法财产不受侵犯

8. 国家(　　)负责统筹协调网络安全工作和相关监督管理工作。

A. 公安部门　　　　　　　　　　B. 网信部门

C. 工业和信息化部门　　　　　　D. 通信管理部门

9. 下面可能会导致电脑被安装木马程序的是(　　)。

A. 上安全网站浏览资讯

B. 发现邮箱中有一封陌生邮件, 杀毒后下载邮件中的附件

C. 下载资源时, 优先考虑安全性较高的绿色网站

D. 搜索下载可免费看《长安十二时辰》全部集数的播放器

10. 以下不属于个人信息范畴的是(　　)。

A. 个人身份证件　　B. 电话号码　　C. 个人书籍　　D. 家庭住址

11. 为了避免个人信息泄露, 以下做法正确的是(　　)。

A. 撕毁快递箱上的面单　　　　　　　B. 把快递箱子放进可回收垃圾里

C. 把快递面单撕下来再放进干垃圾分类中　　D. 以上做法都可以

12. App 在申请可收集个人信息的权限时, 以下说法正确的(　　)。

A. 应同步告知收集使用的目的　　　B. 直接使用就好

C. 默认用户同意　　　　　　　　　D. 在隐秘或不易发现的位置提示用户

13. 身份证件号码、个人生物识别信息、通信记录和内容、健康生理信息等(　　)。

A. 属于个人敏感信息　　　　　　　B. 属于公共信息

C. 属于个人信息　　　　　　　　　D. 以上都对

14. App 申请的"电话/设备信息"权限不用于(　　)。

A. 用户常用设备的标识　　　　　　B. 显示步数、心率等数据

C. 监测应用账户异常登录　　　　　D. 关联用户行为

15. 防止浏览行为被追踪,以下做法正确的是(　　)。

A. 不使用浏览器

B. 可以采用清除浏览器 Cookie 或者拒绝 Cookie 等方式

C. 在不连接网络的情况下使用浏览器

D. 以上做法都可以

16. 关于预防个人信息泄露,不正确的方法有(　　)。

A. 增强个人信息安全意识,不要轻易将个人信息提供给无关人员

B. 妥善处置快递单、车票、购物小票等包含个人信息的单据

C. 个人电子邮箱、网络支付及银行卡等密码要有差异

D. 经常参加来源不明的网上、网下调查活动

17. 以下说法正确的是(　　)。

A. App 申请的"短信"权限可用于验证码自动填写

B. App 申请的"通讯录"权限通常用于添加、邀请通讯录好友等

C. App 申请的"日历"权限通常用于制订计划日程,设定基于系统日历的重要事
　　项提醒等

D. 以上说法都正确

18. 在安装新的 App 时,弹窗提示隐私政策后,最简易的做法是(　　)。

A. 跳过阅读,尽快完成安装

B. 粗略浏览,看过就行

C. 仔细逐条阅读后,再进行判断是否继续安装该 App

D. 以上说法都对

19. 现在游戏都设置了未成年人防沉迷机制,通常需要用户进行实名认证,填写实
名信息过程,以下说明正确的是(　　)。

A. 随意填写信息

B. 根据游戏要求填写所有信息,进行实名认证

C. 仔细阅读实名认证所需信息,仅填写必要实名信息

D. 以上说法都对

20. 以下生活习惯容易造成个人信息泄露的是(　　)。

A. 废旧名片当垃圾丢弃　　　　　　B. 淘汰手机卡直接卖给二手货市场

C. 使用即时通信软件传输身份证复印件　　D. 以上都有可能

21. 正患病毒性肝炎的人，属于(　　)。

A. 病原体　　　　　　　　　　　　B. 易感人群

C. 传播途径　　　　　　　　　　　D. 传染源

22. 不随地吐痰有利于预防(　　)。

A. 消化道传染病　　　　　　　　　B. 呼吸道传染病

C. 血液传染病　　　　　　　　　　D. 体表传染病

23. 下列会促使人产生抗体的是(　　)。

① 甲亢　② 色盲　③ 呆小症　④ 夜盲症　⑤ 糖尿病　⑥ 乙型肝炎

A. ①③⑤　　　　　B. ②④　　　　　C. 只有⑥　　　　D. 全部都会

24. 正在患急性出血性结膜炎(红眼病)的病人，属于(　　)。

A. 病原体　　　　　　　　　　　　B. 传染源

C. 传播途径　　　　　　　　　　　D. 易感人群

25. 流感发生期间，学校给教室内外喷"84 消毒液"，这是为了(　　).

A. 搞好环境卫生　　　　　　　　　B. 控制传染源

C. 保护易感人群　　　　　　　　　D. 切断传播途径

26. 下列途径不会造成艾滋病传播的是(　　)。

A. 与艾滋病患者握手，共进午餐　　B. 不正当性接触

C. 注射毒品　　　　　　　　　　　D. 母婴传播

27. 下列疾病属于传染病的是(　　)。

A. 近视眼　　　　B. 骨折　　　　C. 贫血　　　　D. 新型冠状病毒肺炎

28. 冬季是流行性感冒多发季节，教室要经常开窗通风，拖地，喷洒消毒液，用湿布擦拭门窗桌椅。从预防传染病的角度，这些预防措施及传染病类型分别是(　　)、(　　)。

A. 切断传播途径　呼吸道传染病　　B. 保护易感人群　呼吸道传染病

C. 保护易感人群　消化道传染病　　D. 消灭病原体　　消化道传染病

29. OTC 是英文(　　)的缩写。

A. 凭医生处方，方可购买的药　　　B. 非处方药

C. 知道药的作用和服用方法　　　　D. 可以自我诊断、自我治疗的小伤小病

30. 当你的朋友或家人因病需要服药时，从安全用药的角度考虑，你应该提醒他们注意药品的(　　)。

A. 适应证　　　　　B. 主要成分　　　C. 生产日期　　　D. 以上三者都是

31. 2014 年 4 月 15 日上午，中共中央总书记、国家主席、中央军委主席、中央国家安全委员会主席习近平在主持召开中央国家安全委员会第一次会议时提出，坚持（　　），走出一条中国特色国家安全道路。

A. 总体国家安全观　　B. 国家安全　　C. 人民安全　　D. 社会安全

32. 2021 年 4 月 14 日，（　　）研究中心挂牌成立。

A. 精准扶贫　　　　　B. 总体国家安全观　　　C. 乡村振兴

33. 2015 年 7 月颁布实施的（　　）以法律的形式确立了总体国家安全观的指导地位。

A. 国家安全法　　　　B. 安全法　　　C. 安全管理规定

34. 每年（　　）为全民国家安全教育日。

A. 1 月 15 日　　　　B. 2 月 15 日　　C. 3 月 15 日　　D. 4 月 15 日

35. 党的（　　）将坚持总体国家安全观纳入新时代坚持和发展中国特色社会主义的基本方略，并写入修改后的《中国共产党章程》。

A. 十九大　　　　　　B. 十八大　　　C. 十七大　　　D. 十六大

二、多项选择题

1. 包括港澳同胞和台湾同胞在内的全中国人民的共同义务包括（　　）。

A. 维护领土完整　　　　　　　　　B. 维护国家主权

C. 搜集关于国家安全的情报信息　　D. 维护国家统一

2. 关于全民国家安全教育日的说法不正确的有（　　）。

A. 我国无法定的全民国家安全教育日

B. 每年 4 月 15 日为全民国家安全教育日

C. 全民国家安全教育日现已撤销

D. 每年 12 月 15 日为全民国家安全教育日

3. 发生危及国家安全的特别重大事件，需要进入紧急状态、战争状态或者进行全国总动员、局部动员的，下列（　　）有权限决定。

A. 最高人民法院　　　　B. 全国人民代表大会常务委员会

C. 国务院　　　　　　　D. 全国人民代表大会

4. 国家加强武装力量（　　）建设，建设与保卫国家安全和发展利益需要相适应的武装力量。

A. 正规化　　B. 革命化　　C. 科技化　　D. 现代化

5. 国家安全法规定，国家坚持和完善民族区域自治制度，巩固和发展(　　)的社会主义民族关系。

A. 团结　　　　　B. 互助　　　　　C. 和谐　　　　　D. 平等

6. 根据国家安全法的规定，下列关于情报信息的说法正确的是(　　)。

A. 情报信息的报送应当及时、准确、客观

B. 国家机关各部门在履行职责过程中，对于获取的涉及国家安全的有关信息应当及时上报

C. 情报不得迟报、漏报、瞒报和谎报

D. 建立情报信息工作协调机制，实现情报信息的及时收集、准确研判、有效使用和共享

7. (　　)具有维护国家安全的责任和义务。

A. 所有公民　　　　　　　　B. 各人民团体、企业事业组织

C. 一切国家机关　　　　　　D. 各政党

8. 根据国家安全法的规定，公民和组织拥有的权利有(　　)。

A. 对国家安全工作向国家机关提出批评建议的权利

B. 对国家机关及其工作人员在国家安全工作中的违法失职行为有控告权

C. 对国家机关及其工作人员在国家安全工作中的违法失职行为有检举权

D. 对国家机关工作人员有拘留扣押权

9. 关于注销 App 的机制，正确的是(　　)。

A. 注销渠道开放且可以使用，有较为明显的注销入口

B. 账号注销机制应当有简洁易懂的说明

C. 核验把关环节要适度、合理，操作应便捷

D. 找不到注销入口，联系客服注销时不给予回复

10. 以下关于个人信息保护的做法正确的是(　　)。

A. 在社交网站类软件上发布火车票、飞机票、护照、照片、日程、行踪等。

B. 在图书馆、打印店等公共场合，或是使用他人手机登录账号时，不选择自动保存密码，离开时记得退出账号

C. 从常用应用商店下载 App，不从陌生、不知名应用商店、网站页面下载 App

D. 填写调查问卷，扫二维码注册时尽可能不使用真实个人信息

11. 以下说法正确的是(　　)。

A. 不需要共享热点时及时关闭共享热点功能

B. 在安装和使用手机 App 时，不用阅读隐私政策或用户协议，直接掠过

C. 定期清除后台运行的 App 进程

D. 及时将 App 更新到最新版

12. 以下关于使用 App 的习惯正确的是(　　)。

A. 不使用强制收集无关个人信息的 App

B. 为了获取更多积分，填写真实姓名、出生日期、手机号码等所有信息

C. 谨慎使用各种需要填写个人信息的问卷调查的 App

D. 加强对不良 App 的辨识能力，不轻易被赚钱等噱头迷惑

13. 以下关于"隐私政策"的说法，正确的是(　　)。

A. App 实际的个人信息处理行为可以超出隐私政策所述范围

B. App 实际的个人信息处理行为应与"隐私政策"等公开的收集使用规则一致

C. 点击同意"隐私政策"，并不意味着个人信息都会被收集，很多都需用户在具体的业务场景下进行再次授权

D. 完善的隐私政策通常包含收集使用个人信息的目的、方式、范围，与第三方共享个人信息的情况

14. 关于 App 涉及的赚钱福利活动，以下说法不正确的是(　　)。

A. 转发"集赞""活动"的链接不会导致个人信息泄露

B. 登记身份证实名信息可以杜绝冒领礼品的行为

C. "看新闻赚钱"之所以提现难，是因为个人能贡献的流量和阅读量极其有限

D. 邀请好友参与活动，不会对好友产生影响

15. 以下用户操作场景会被用户画像的是(　　)。

A. 用真实个人信息完成社区论坛问卷调查并获得现金奖励

B. 关闭安卓手机应用权限管理中所有的"读取应用列表"权限

C. 将网购 App 中的商品加入到购物车

D. 使用网络约车软件添加常用的目的地

16. 以下不属有助于保护用户个人信息的是(　　)。

A. 银行卡充值后的回单随手扔掉

B. 在网站上随意下载免费和破解软件

C. 在手机和电脑上安装防偷窥的保护膜

D. 看见二维码，先扫了再说

17. 在网上进行用户注册，设置用户密码时不应当(　　)。

A. 涉及财产、支付类账户的密码应采用高强度密码

B. 设置 123456 等简单好记的数字、字母为密码

C. 所有账号都是一种密码，方便使用

D. 使用自己或父母生日作为密码

18. 甲类传染性疾病的传染性非常强，需要国家强制管理，主要有(　　)，只要是发现此类疾病，要在两个小时之内上报，不得隐瞒。

A. 霍乱　　　　　　　B. 鼠疫　　　　　　C. 艾滋病　　D. 病毒性肝炎

19. 霍乱病人、疑似霍乱病人及带菌者要(　　)。

A. 立即就地住院

B. 进行单室严密隔离

C. 治疗症状消失后，无大便培养条件者，则自发病日起，住院隔离不得少于 7 天

D. 慢性带菌者大便培养连续 7 天阴性可解除隔离

20. 关于病毒性肝炎的叙述，正确的是(　　)。

A. 一般会发展成慢性

B. 是由甲、乙、丙、丁和戊型肝炎病毒引起的

C. 水源或食品污染易引起暴发流行

D. 病毒性肝炎发生率高,对健康危害严重

第4章　自然灾害应对

4.1　关于自然灾害

大自然是人类赖以生存的环境。当这一环境发生变异时，人类的生活必然受到严重影响。尽管任何灾害的发生都有一个过程，但很多自然灾害发生的规律还不被人类掌握，因而人类无法事先准确预测。自然灾害对人类社会造成的危害往往是触目惊心的。它们之中既有地震、火山爆发、泥石流、海啸、台风、洪水等突发性灾害，也有地面沉降、土地沙漠化、干旱、海岸线变化等在较长时间中才能逐渐显现的渐变性灾害，还有臭氧层变化、水体污染、水土流失、酸雨等人类活动导致的环境灾害。学会应对自然灾害不仅能够对大学生的安全起到保护作用，而且能够对其他社会成员起到一定的救助作用。

一、了解学校所在地域的生态环境

因自然灾害引起的突发重大事件包括破坏性地震、台风、暴雨、冰雹、高温、寒潮、沙尘暴、暴雪、洪水、泥石流、山体滑坡等灾害，这些灾害都可能造成房屋倒塌或人员伤亡，引起交通阻断，严重影响正常的生产生活。由于自然灾害一般具有季节性、地域性，因此在校大学生首先应当了解学校所在地区曾经发生过的重大自然灾害。

有些自然灾害的形成并不是自然形成的，而是人为造成的。例如，人类的过度采伐开采等活动使地质被破坏，导致水土流失；围湖造田使湖泊蓄水功能下降，导致洪水泛滥；二氧化碳的大量排放使温度上升，导致海平面上升，淹没低洼陆地和岛屿；石油泄漏，使海洋被污染、鸟类死亡；河水富营养化，使鱼虾死亡……大学生应该树立保护环境的意识，自觉维护生态平衡。我国在环保方面颁布了大量的法律法规，面对违法行为，大学生要拿起法律武器，为改善当地环境作出自己的贡献。

二、掌握气象预警信号的级别及含义

起风、落雨、下雪，这些看起来平常的自然现象，实际上都和我们的生活息息相关。当这些气候现象超过一定的强度时，就有可能对我们的生活和生产造成破坏和损失。一般来讲，对于这种突发的气象灾害，有关部门会发布预警信号。这些预警信号共有 11 种，分别是台风、暴雨、高温、寒潮、大雾、沙尘暴、雷雨大风、大风、冰雹、雪灾和道路结冰。每种预警信号又分为四个等级，即一般、较重、严重、特别严重。按照灾害的严重性和紧急程度，可用四种颜色表示：蓝色代表一般，黄色代表较重，橙色代表严重，红色代表特别严重。这些信号一目了然，简单易懂。掌握这些预警信号，大家就可以根据气象部门发布的各种预警信号，事先做好相应的防范措施。

三、冷静应对自然灾害事件

2006 年全国上报的各类安全事故中，10%是因为自然灾害(洪水、龙卷风、地震、冰雹、暴雨、塌方)等客观原因导致的事故，造成的学生死亡人数占全年学生死亡总数的 10.84%。国家统计局、智研咨询整理的《2015—2020 年全国各类生产安全事故共死亡人数及增速》指出，2020 年是极不平凡的一年，面对各种风险挑战，应急管理部门和消防救援队伍全力以赴防控重大风险，经过各方努力，生产安全事故死亡人数为新中国成立以来历史最低。学会冷静应对自然灾害事件是对大学生的基本要求。在认识的基础上，大学生还要掌握自我保护和求助及逃生的基本技能。目前我国公众急救知识欠缺，对人工呼吸、心力衰竭急救、包扎伤口等生活中的急救技能的培训严重不足。我国公众对现场急救的认识水平与发达国家相比有很大的差距。

四、牢记八字歌诀

八字歌诀，即学、备、听、察、断、抗、救、保。

(1) 学。要学习有关各种灾害及避险的知识。

(2) 备。做好个人、家庭物资准备，必备的防灾器材包括清洁水、食品、常用医药、雨伞、手电筒、御寒用品和生活必需品、收音机、手机、绳索、适量现金。此外，必须增强防灾心理素质，面对灾害，不必过于紧张、惊慌、恐惧，要保持乐观心态，尽量放松，不要对外来援救失去信心。

(3) 听。通过多种渠道(如电视、广播等)及时收看、收听各级气象部门发布的灾害信息，不可听信谣传。

(4) 察。密切观察周围环境的变化,一旦发现某种异常现象,要尽快向有关部门报告,请专业部门判断,并提供对策。

(5) 断。在救灾行动中,首先要切断电、煤气、水等灾源。

(6) 抗。灾害一旦发生,要有大无畏精神,号召大家避险抗灾。

(7) 救。利用已经学过的一些救助知识,组织自救和互救,利用准备的药品对伤病员进行抢救,并注意做好卫生防疫工作。

(8) 保。利用社会防灾保险以减少个人经济损失。

4.2　地震避险及自救

地震是由地壳剧烈运动引起的突然而强烈的震动。地震造成的对人的伤害,主要是由建筑物倒塌及次生灾害引起的。我国是世界上陆地地震灾害最为严重的国家之一,发生地震的次数约占全球的 1/3,因地震死亡的人数占全球地震死亡人数的 1/2 以上,占我国所有自然灾害死亡人数的 1/2 以上。

一、地震的预测

我国古代人民在长期实践中,认识到地震是有前兆的,并留下了丰富的关于地震前兆的记载。例如地震前,一些动物会出现异常反应,广大人民群众将长期以来积累的经验总结成了民谣:

> 震前动物有预兆,群测群防很重要;
> 牛羊骡马不进圈,猪不吃食狗乱咬;
> 鸭不下水岸上闹,鸡乱上树高声叫;
> 冰天雪地蛇出洞,大猫携着小猫跑;
> 兔子竖耳蹦又撞,鱼跃水面惶惶跳;
> 蜜蜂群迁闹哄哄,鸽子惊飞不回巢;
> 家家户户都观察,综合异常作预报。

此外,有的大地震在发生的前几天或几小时会发生一系列小地震。强烈地震前,大自然会出现一些异常现象。例如,地震前数分钟、数小时或数天,往往有声响自地下深处传来,有的地方会看见地光,有的地方还会出现地下水的异常现象,如水位突然升降、变味、浑浊、浮油花、冒气泡等。人的感官能直接觉察到的地震前兆称为地震的宏观前兆,在地震预报中具有重要作用。我国 1975 年辽宁海城 7.3 级地震和 1976

年松潘—平武7.2级地震前，地震工作者和广大群众曾观测到大量的宏观异常现象，为这两次地震的成功预报提供了重要资料。

不过应当注意，上述列出的多种现象也可能由其他原因造成，不一定都是地震前的预兆。例如，井水和泉水的小幅涨落可能和降雨多少有关，也可能是受附近抽水、排水和施工的影响；井水变色、变味可能因污染而起；动物的异常表现可能与天气变化、疾病、发情、外界干扰刺激等因素有关。一旦发现异常的自然现象，不要轻易作出即将地震的预测，更不要惊慌失措，而应当弄清异常现象出现的时间、地点和有关情况，保护好现场或拍照记录，向地震预测部门或政府机关报告，请有关专业人员调查核实，弄清事情的真相。

二、地震前的预防

在地震易发地区，做好以下预防地震的准备工作是减轻灾害损失的重中之重。

(1) 检查房屋结构是否符合抗震要求，对薄弱部位应采取加固措施。

(2) 接到国家有关部门发布的地震预报后，在住所内及附近选好避震地点，设定疏散路线。

(3) 熟悉住所内的水、电、煤气开关阀门的位置，以便在得到地震警报时及时关闭电源和开关。

(4) 准备一个避震包，放入食品(即使一天不生火也足够食用)、饮用水以及手电筒、蜡烛、火柴、贵重物品(现金、银行卡、各种证件以及必要的印鉴等)、收音机、毛毯、绳、卫生纸、急救药品等应急必需品。

(5) 学会心肺复苏、止血、骨折固定、伤口包扎、伤员搬运等基本的急救技能和方法。

三、地震发生时的避震法则

虽然，目前人类无法避免和控制地震，但只要掌握一些技巧，还是可以在灾难中将伤害降到最低。一旦发生地震，千万不要惊慌，要保持镇静，不能拥挤乱跑，应根据所在位置，正确选择避震空间，采取适宜的避震措施。

经对唐山大地震的874名幸存者调查发现，72%的幸存者在求生时采取了紧急避震措施。一般从地下初动到房屋开始倒塌有一个短暂的求生时间，而地震时大的晃动时间约为1分钟，这时冷静判断、正确选择避震空间，就有可能劫后余生。

1. 室内避震

方法一：身处住所、教室、商场、车站等室内环境，只要地处一楼，距离门窗近，就应该迅速撤离到室外空旷的地方。

方法二：室内避震首先应远离玻璃门窗、易碎的货品架、易倒的大型家具等，更不要钻入衣柜，避免被倒塌的天花板击中。

方法三：如果在高层楼房内遭遇地震，千万不可跳楼，应迅速躲进跨度小的卫生间、储物间内，也可以紧贴内墙角蹲下或躲入坚固的桌椅下。

方法四：如果遇险时恰在电影院、体育馆、教室等人多拥挤的公共场所，千万要保持冷静，不要拥挤，避开吊灯、电扇等悬垂物，并躲入排椅下。

方法五：地震与火灾发生时不能搭载电梯逃生。如果在电梯内遭遇地震，要立即将操作面板上所有楼层的按钮全部按下，一旦停靠在某层，迅速离开电梯，冷静避难。万一被关在电梯中，要通过电梯中的专用紧急电话与管理室联系，请求帮助。

方法六：室内避震时，身体应采取的姿势为蜷曲身体蹲下或坐下以降低重心，抓住桌腿等牢固物体，迅速利用身边的枕头、坐垫、手包、棉毛衣等护住头颈或面部，掩住口鼻防止吸入灰尘或有害气体。

2. 室外避震

方法一：地震时如在户外行走，应避开楼房、高大烟囱、水塔、立交桥等高大建筑物和结构复杂的建筑物，不要来回奔跑，以免摔倒或被跌入地震裂缝。

方法二：在行驶的车辆内遇到地震，要抓牢扶手，躲在座位附近，震动停止后再下车。

方法三：如果在海边遇到地震，应迅速远离海岸，向高地迁移，以防地震引起海啸。

方法四：如在野外活动时遇到地震，应尽量避开山脚、陡崖，以防滚石和山体滑坡；如遇山崩，要向滚石前进方向的两侧跑。

四、地震发生后的自救

地震发生后，首先要观察周围有无通道或光亮，分析判断自己所处的位置，找出最可能脱险的方位，尽量朝着有光线和空气清新的地方移动。如果被埋住，应将双手从压塌物中抽出来，清除头部、胸前的杂物和灰土，设法保障呼吸顺畅，然后移开身边比较大的杂物，以免被余震压塌。

如果暂时无法脱险，要坚定信心，耐心等待救援，设法保存体力，不做无用的喊叫。听到有人声时，用硬物敲击铁管、墙壁，发出求救信号；寻找砖头、木头等支撑可能塌落的物体，尽量扩大生存空间；寻找食物和水并节约使用。

五、幸存者的应急互救

地震幸存者应在第一时间投入互救工作中去，可以遵循如下原则：

(1) 先易后难，即先抢救近处的埋压者或埋压较浅的幸存者；先抢救医院、学校、旅馆等人员密集处容易获救的幸存者。

(2) 仔细搜听，即救助时要注意搜寻被埋压人员的呼喊、呻吟或敲击声，还要小心抢救，避免破坏了被埋压人员所处空间的支撑环境，引起新的垮塌。

(3) 慎用利器，即抢救时最好不用利器刨挖，避免误伤被埋压人员，应先使被埋压人员头部暴露出来，可以呼吸新鲜空气，争取更多的救助时间。

对于抢救出来的幸存者，危重的要迅速送往医院或医疗点，不要安置在废墟中，以防余震。对埋压较久的幸存者，应先遮挡好其眼部，以防突然见光伤眼。

4.3　水灾避险及自救

水灾一般是由久雨、山洪暴发或河水泛滥等原因造成的，海底地震、飓风和反常的大浪大潮以及堤坝坍塌等也是造成水灾的原因。

一、水灾的应对措施

发生水灾时，可采取如下措施：

(1) 受到洪水威胁，应按照预定路线，有组织地向山坡、高地等处转移。

(2) 立刻发出求救信号，以争取被营救的时间。

(3) 要关闭燃气阀门和电源总开关，以免引起火灾或漏电伤人。

(4) 迅速收拾好贵重的物品，以防水淹。

(5) 在受到洪水包围的情况下，要尽可能利用船只、木排、门板、木床等，进行水上转移。

(6) 身处危险地带，应尽快脱离现场，迅速转移到高坡地或高层建筑物的楼顶上。

(7) 如果来不及转移时，要立即爬上屋顶、楼房高层、大树、高墙，可暂时避险，等待救援。

(8) 熟悉水性的人应该想方设法把年老体弱和不会游泳的人救到高处避难。

(9) 不要独自游水转移。

(10) 如遇水面上涨被困在坚固的建筑物里，应在原地等待救援。

(11) 发现高压线铁塔倾倒、电线低垂或折断，要远离避险，切不可触摸或接近，防止触电。

(12) 在山区，如果连降大雨，最容易暴发山洪。遇到这种情况，应注意避免渡河，以防止被山洪冲走。

(13) 除了要注意洪水造成的伤害，还要注意防止山体滑坡、滚石、泥石流的伤害。

(14) 洪水过后，要服用预防流行病的药物，做好卫生防疫工作，避免发生传染病。

二、应对水灾的注意事项

发生水灾时，应采取以下措施：

(1) 快速了解自己所处位置及最高警戒水位，以便在发布水灾警告后正确地做出反应。

(2) 水灾发生时，应用布袋、编织袋装满沙子、泥土或碎石，放在门槛外侧，堵住大门下面所有空隙，然后尽量准备应急的食物、保暖的衣服和可饮用的水；另外，准备手电筒、蜡烛、火柴、哨子、镜子和色彩鲜艳的衣服，以便用作求救时的信号。

如果建筑物已经进水并且无法阻止，应该迅速转移到上一层房间；如果是平房则应转移到屋顶，只有在大水可能冲垮建筑物或水面没过屋顶的时候，再选择撤离，否则原地不动，等待救援。

(3) 要远离输电线路，不用浸湿电器，避免发生触电现象，也不要使用已经被水弄湿的电器。

(4) 水灾极有可能造成水源污染，应准备一些纯净水以应对水污染。

(5) 水灾过后注意要防疫防病。水灾过后，要积极开展周围环境的消毒工作，避免病毒流行扩散。

4.4　台风避险及自救

台风属热带气旋的一种，是发生在热带或副热带洋面上的低压涡旋，是一种强大而深厚的热带天气系统，是赤道以北，日界线以西，亚洲太平洋国家或地区对热带气旋的一个分级。

一、台风的特点

台风有如下特点：

(1) 季节性。台风(包括热带风暴)一般发生在夏秋之间，最早发生在五月初，最迟发生在十一月。

(2) 难以判断。台风中心登陆地点很难准确预报，台风的风向时有变化，常出人预料，台风中心登陆地点往往与预报相左。

(3) 旋转性。台风登陆时的风向一般先北后南。

(4) 损毁性。台风对不坚固的建筑物、架空的各种线路、树木、海上船只、海上网箱养鱼、海边农作物等破坏性很大。

(5) 复杂性。强台风发生常伴有大暴雨、大海潮、大海啸。

(6) 不可抗拒性。强台风发生时，人力不可抗拒，易造成人员伤亡。

二、台风的应对

应对台风有以下方式：

(1) 在台风到来之前都会有台风警报，得到警报后不要再到海边游泳或驾船出海，在外人员要尽快回家。

(2) 台风侵袭时应尽量待在家里。

(3) 海边最危险，台风的破坏力非常大，要远离海边。

(4) 地势低洼处的人，一定要躲到台风庇护所。

(5) 各种船舶要驶进避风港。

(6) 电线附近的居民尤其要注意安全。

(7) 准备好足够的食品、蜡烛和水，因为台风可能打乱数天的正常生活。

(8) 加固屋顶，关牢窗户，要做好玻璃被打破的准备工作。

(9) 强风过后，天色会变得晴朗一些，此时仍需待在家里观察，因为更强、更猛烈的暴风骤雨还可能紧随而来。

(10) 保持消息畅通。注意广播或电视里的天气情况播报。准备一个可以用电池的收音机(还有备用电池)，以防断电。

(11) 准备蜡烛和手电筒，储备食物、饮用水、电池和急救用品。

(12) 台风过后，掉在雨洼里的电线可能带电，要小心闪避。

(13) 如果风力过强，请远离窗户等可能碎裂的物品。

(14) 台风过去后，仍要注意破碎的玻璃、倾倒的树或断落的电线等可能造成危险的物品。

三、校园应对台风的措施

校园应对台风的措施有以下几个方面：

(1) 注意收听收看天气预报，做好预防准备工作。

(2) 教室等校园主要建筑物需要加固的部位应及时加固，并关好门窗。

(3) 准备食品、饮用水、照明灯具、雨具及必需的药品。

(4) 疏通校园泄水、排水设施，保持通畅。

(5) 台风到来时，要尽可能待在室内，减少外出。

(6) 遇有大风雷电时，要谨慎使用电器，严防触电。

(7) 密切注意校园周围环境，在出现洪水泛滥、山体滑坡等危及安全的情况时，要及时组织转移。

(8) 风暴过后，要注意校园卫生防疫，减少疾病传播。

4.5　雷雨避险及自救

雷雨是空气在极端不稳定的状况下所产生的剧烈天气现象，它常挟带强风、暴雨、闪电、雷击，甚至伴有冰雹或龙卷风出现。

一、雷雨天气如何有效避雷

1. 居家遇到雷电交加时的应对措施

居家遇到雷电交加时的应对措施有以下方面：

(1) 关紧门窗，防止雷电侵入。

(2) 切断一切电源。

(3) 远离金属类管道，如煤气、自来水管道等。

(4) 不用喷头淋浴，以免水流导电。

(5) 不要站在阳台、平台和楼顶上，以防雷击。

2. 户外躲避雷击的措施

户外遇到雷击时要做到：

(1) 远离建筑物外露的水管、煤气管等金属物体及电力设备。

(2) 不要打伞行走，不要将手中物体举过头顶。

(3) 不要在雷雨中打球、踢球、骑自行车或狂奔。

(4) 不要在大树下避雨。

3. 躲避雷击时的正确身姿

(1) 雷电发生时，应双手抱膝并蹲下，尽量低头，注意不要用双手碰触地面。

(2) 当来不及离开高大物体时，应马上用干燥的绝缘体置于地上，脚部不要放在绝缘物体以外。

(3) 不要手拉手一起走，躲避时人与人之间应有一定的距离，以避免导电。

(4) 当看到高压线遭雷击断裂后，立刻双脚并拢，跳着逃离现场。

4. 对雷击者急救的措施

(1) 进行人工呼吸。

(2) 马上对伤者进行心肺复苏，同时送往医院或通知医疗机构前来救助。

(3) 如果伤者衣服着火，应让伤者躺下，以免烧灼面部，并马上采取泼水或用被、毯、衣物等包裹的灭火措施。

二、雷雨天气的注意事项

(1) 不宜在户外作业或活动。

(2) 不应在下列地方停留：

① 小型无避雷保护的建筑物、车库或车棚。

② 非金属顶的各种车辆及船舶或敞开式的各种车辆等。

③ 山顶、山脊或建筑物的顶部。

④ 开阔田野，各种停车场、运动场。

⑤ 游泳池、湖泊、海边或孤立的树下。

⑥ 铁栅栏、金属拉绳、架空线、铁路轨道等。

(3) 发生雷击时，如果孤立地处于暴露区并感到头发竖起，应立即双膝下蹲，双手抱膝，并尽量低头。

(4) 发生雷击时，应寻找下列地方躲避：

① 有防雷保护的建筑物和构筑物。

② 有大型金属框架的建筑物和构筑物。

③ 有金属顶的车辆及有金属壳体的船舶。

4.6 其他自然灾害介绍

一、泥石流

泥石流是指在山区或者其他沟谷深壑、地形险峻的地区，因为暴雨、暴雪或其他自然灾害引发的山体滑坡并携带大量泥沙以及石块的特殊洪流。泥石流具有突然性以及流速快、流量大、物质容量大和破坏力强等特点。

遭遇泥石流时的注意事项如下：

(1) 遭遇泥石流时，应立即观察地形，向沟谷两侧山坡或者高地爬，爬得越快越高越安全。同时要注意避开从高处滚落的山石等；不可停留在低洼处，更不能往河沟下游走，也不要爬树，泥石流可能将树连根拔起。

(2) 逃生时，要抛弃一切影响奔跑速度的物品。

(3) 应选择在较高的基岩台地修建临时避险棚。切忌建在沟床岸边、较低的阶地、台地及坡脚、河道拐弯的下游边缘地带。

(4) 如不幸陷入泥石流中，不要慌张，要大声呼救，然后将身体后倾轻轻躺在沼泽地里，同时张开双臂，十指开张，平贴在地面上慢慢将陷入泥潭的双脚抽出来，切忌用力过猛过大，避免陷得更深。然后采取仰泳的姿势向安全地带"游"过去，尽量以轻柔缓慢的动作进行，千万不要惊慌挣扎。

(5) 泥石流发生时，沿河(沟)谷的道路会被掩埋，甚至被破坏得无影无踪，行走时要防止跌伤、磕碰，避免发生各种创伤。

(6) 当公路、铁路、桥梁被冲毁后，应及时采取阻止车辆通告的行动，插警示牌，以免车辆被颠覆，造成人员伤亡。

(7) 泥石流发生时常席卷、淹浸、淤埋沿途的房屋、牲畜及杂物，泥石流结束之后应进行清理消毒，做好卫生防疫工作，防止流行病的发生和传播。

二、火山

地壳之下 100 至 150 千米处，有一个液态区，该区内存在着高温、高压下含挥发性气体的熔融状硅酸盐物质，即岩浆。岩浆一旦从地壳薄弱的地段冲出地表，就形成了火山。

大部分火山是没有危害的，如地质学家描述的死火山或者休眠火山。但是活火山还是会有爆发的危险，并能够带来灾难性的破坏。

通常情况下，火山爆发只会产生大量的移动速度慢的火山灰或火山岩和各种有害气体。还有一种更可怕的不易察觉的危险，就是火山爆发产生的大量无色无味的一氧化碳会在无风的山谷中堆积，一氧化碳会让人在不知不觉中睡着，最后导致缺氧窒息而死。

火山通常情况下会在爆发之前"轰隆隆"地响很长一段时间，目前的科学技术已经能够对其爆发进行预警。如果火山爆发的时候，你正好在那个地方，你能够做的事情就是尽快离开，利用尽可能远的目标作为地标帮助自己掌握方向。

三、海啸

海啸不是由于潮汐引起的，而是海底地震、塌方和火山爆发等可以导致大量海水位置活动的灾难引起的。海啸的海浪与普通的海浪是不一样的，它使海洋中的水平面突然上升，通常其前方会有一系列浪峰。

如果你听到了地震的声音，那么海啸的海浪可能已经在地震中心形成并且在向你的方向移动。此时不要待在海岸上低的位置。有时海啸来袭之前几分钟海水可能会暂时后退。此时一定不要好奇，要尽快爬到比较高的地方。

四、沙尘暴

沙尘暴是沙暴和尘暴两者的总称，是指强风把地面大量沙尘物质吹起并卷入空中，使空气特别混浊，水平能见度小于1000米的严重风沙天气现象。其中，沙暴指大风把大量沙粒吹入近地层所形成的挟沙风暴；尘暴则是大风把大量尘埃及其他细粒物质卷入高空所形成的风暴。

沙尘暴的危害性极大，我国北方学校尤其要做好预防工作。

(1) 关注气象预报，及时做好防范沙尘暴的应急准备。

(2) 遇到沙尘暴天气，要及时关闭门窗，尽量避免室外活动。

(3) 必须在室外活动时，要使用防尘、滤尘口罩，戴头巾或帽子，以有效减少吸入体内的沙尘。

(4) 要佩戴合适的防尘眼镜，穿戴防尘的手套、鞋袜、衣服，以保护眼睛和皮肤，勤洗手和脸。

(5) 身体免疫力较差者以及患有呼吸道疾病者要加强自我监护。

(6) 如遇沙尘暴天气应减少外出，一旦发生慢性咳嗽伴咳痰或气短、发作性喘憋及胸痛，要尽快就诊，求助于专业的医护人员，并在其指导下进行相应治疗。

(7) 多喝水，多吃清淡食物，加快体内各种代谢废物的排出。

(8) 在沙尘暴多发季节，天气普遍较干燥，加上扬尘，皮肤表层的水分极易丢失，会造成皮肤粗糙，尘埃进入毛孔后易发生堵塞，若去除不及时，可能会引起痤疮。过敏体质的人还容易发生各种过敏性皮炎及皮疹。因此要及时清洗皮肤及衣物，保持平静卫生。

五、雪崩

雪崩是积雪山区常见的自然灾害。由于雪崩具有突然、快速和量大的特点。往往有较大的威胁和危险。积雪的山坡上，当积雪内部的内聚力抗拒不了它所受到的重力拉引时，便向下滑动，引起大量雪体崩塌，人们把这种自然现象称作雪崩。

雪崩通常在下过大雪或者大雨之后不久发生。在冬季积雪山区，要注意观察周围环境，尤其留意那些明显的警示性迹象、近期滑坡的迹象、近期大风的标志或者堆积的雪堆、雪中的裂纹以及脚踩之后周围的雪滑落的情况等。

雪崩发生时的紧急应对措施：

(1) 丢弃身上的所有东西，轻装行动。

(2) 利用前爬的游泳姿势保持停留在雪的表面之上，让雪托着自己。

(3) 紧闭嘴巴，避免被噎住。

(4) 如果被埋身体周围的雪有可能会非常结实，而且不知道哪面朝上，可以在身体周围的雪上挖个小洞，然后朝里面吐口水，唾液会往向下的方向融化雪，就可以据此找出向上的方向，然后朝向上的方向开始挖雪。

(5) 嗅探犬和个人信号灯是非常有效的救援物资，发生雪崩时可合理使用。

六、高温天气

气象学上，气温在 35℃ 以上时可称为“高温天气”，如果连续几天最高气温都超过 35℃ 时，即可称作“高温热浪”天气。

高温预警信号分为三级，分别以黄色、橙色、红色表示。其中，高温黄色预警信号的标准是连续三天日最高气温在 35℃ 以上；高温橙色预警信号的标准是 24 小时内最高气温升至 37℃ 以上；高温红色预警信号的标准是 24 小时内最高气温升至 40℃ 以上。

1. 校园高温天气应急防护措施

(1) 应避免午后高温时段的户外活动，尽量留在室内。外出时要打遮阳伞或戴宽檐帽，穿浅色衣服。

(2) 选择适合校园降温的方法，比如向地面洒水等。

(3) 浑身大汗时，不宜立即用冷水洗澡，应先擦干汗水，稍作休息再用温水洗澡。

(4) 注意作息时间，保证睡眠。

(5) 不要过度饮用冷饮或含有酒精的饮料，建议多饮凉白开水、冷盐水、白菊花水、绿豆汤等。

2. 高温天气的急救

高温期间不要到拥挤的地方。酷暑期间，不要等口渴了才喝水，要根据气温的高低，及时补充水分，建议每天喝 1.5～2 升水。出汗较多时可适当补充淡盐水。夏天的时令蔬菜、新鲜水果都可以用来补充水分。

高温天气受到伤害如何急救，如表 4.1 所示。

表 4.1　高温天气的急救措施

名称	症　状	急 救 措 施
晒伤	皮肤红痛，可能肿胀，有水泡；发热或头痛	用干燥、无菌的绷带轻敷在水泡上，并到医院治疗
痉挛	突发疼痛痉挛，尤其是腿部和腹部肌肉，并伴有大量出汗	将患者挪至凉爽处，轻轻舒展肢体，每 15 分钟喂少许水。若患者想呕吐，可停止喂水
中暑	大量出汗，皮肤发凉，面色苍白或发红；脉搏微弱；体温保持正常或升高；昏迷或头昏眼花、呕吐、疲惫无力或头痛等	让患者在凉爽处躺下，解开或脱去其衣服。如果患者意识清楚，可每 15 分钟喂少许水并观察其反应。如果患者呕吐，则需立即寻求医疗
急性疾病	体温高达 40℃以上；皮肤红、热、干；脉搏快而微弱；呼吸快而微弱；有可能失去意识	将患者移至凉爽处，脱去衣服，用湿毛巾擦拭患者身体以降温，并观察患者呼吸情况，拨打"120"急救电话或立即送往医院

七、冰雹

冰雹灾害是由强对流天气系统引起的一种剧烈的气象灾害。冰雹出现时，常伴有暴雨、雷电、狂风、强降水、急剧降温等，是大气中一种短时、小范围、剧烈的灾害性天气现象。冰雹出现的范围虽然较小，时间也比较短，但来势猛、强度大。据有关资料统计，我国每年因冰雹所造成的经济损失达几亿元甚至几十亿元。

1. 预知冰雹气象

1) 感冷热

冰雹季节，早晨凉，湿度大，中午太阳辐射强烈，造成空气对流强烈，易发展成积雨云而形成冰雹，故有"早晨凉飕飕，午后打破头""早晨露水重，后晌冰雹猛"的说法。

2) 辨风向

下冰雹前常常出现大风而风向变化较烈。农谚有"恶云见风长，冰雹随风落""风拧云转、雹子片"等说法。另外，如果连续刮南风以后，风向转为西北或北风，风力加大时，则冰雹往往伴随而来，因此有"不刮东风不下雨，不刮南风不降雹"之说。

3) 观云态

各地有很多谚语是通过云的颜色来辨别下冰雹前兆的，例如"不怕云里黑乌乌，就怕云里黑夹红，最怕红黄云下长白虫""黑云尾、黄云头，冰雹打死羊和牛""午后黑云滚成团，风雨冰雹齐来""天黄闷热乌云翻，天河水吼防冰雹"等。

4) 听雷声

雷声沉闷，连绵不断，老百姓称这种雷为"拉磨雷"，所以有"响雷没有事，闷雷下蛋子"的说法。

5) 识闪电

一般冰雹云中的闪电大多是云块与云块之间的闪电，即"横闪"，说明云中正快速形成冰雹，故有"竖闪冒得来，横闪防雹灾"的说法。

6) 看物象

各地看物象测冰雹的经验很多，如贵州有"鸿雁飞得低，冰雹来得急""柳叶翻，下雹天"；山西有"牛羊中午不卧梁，下午冰雹要提防""草心出白珠，下降雹稳"等谚语。

2. 冰雹来袭的防范

(1) 在多雹季节，注意收听有关降雹的预报(一般冰雹直径会超过 1 厘米时，气象部门将发布冰雹警报)。

(2) 要注意添加衣物，注意保暖。

(3) 关好门窗，妥善安置易受冰雹、大风影响的室外物品。

(4) 暂停户外活动，勿随意出行。

(5) 下冰雹时，应在室内躲避；如在室外，应用雨具或其他代用品(鞋子)保护头部，并尽快转移到室内，避免砸伤。

八、寒潮

寒潮是指北方寒冷气团迅猛南下的现象，造成急剧降温，常伴有大风、雨、雪，出现冰冻、沙尘暴、暴风雪天气，对农牧业和交通运输造成严重危害，还会损害人们的健康，常引发冻伤以及呼吸道、心血管疾病等。

1. 寒潮来袭的应对

(1) 准备防水外套、手套、帽子、围巾、口罩等。

(2) 检查暖气设备、火炉、烟囱等确保正常使用；燃煤、柴等储备充足。

(3) 节约能源、资源，室温不要过高。

(4) 注意交通工具的防冻。

2. 寒潮天气的防范

(1) 注意收听天气预报及紧急状况警报。

(2) 注意保暖，尽量留在室内。

(3) 注意饮食规律，多喝水，避免过度劳累。少喝含咖啡因或酒精的饮料。

(4) 警惕冻伤信号，如手指、脚趾、耳垂及鼻头失去知觉或出现苍白色等症状，应立即采取急救措施或就医。

练 习 题

一、单项选择题

1. 一般来讲，气象预警信号有(　　)种。

A. 9　　　　　　B. 10　　　　　　C. 11　　　　　　D. 12

2. 每种预警信号分为(　　)个等级。

A. 3　　　　　　B. 4　　　　　　C. 5　　　　　　D. 6

3. 按照灾害的严重性和紧急程度，预警信号可用4种颜色表示，红色代表(　　)。

A. 一般　　　　B. 较重　　　　　C. 严重　　　　D. 特别严重

4. 地壳之下100至150千米处，有一个液态区。该区存在着高温、高压下含挥发性气体的熔融状硅酸盐物质，即岩浆。它一旦从地壳薄弱的地段冲出地表，就形成了(　　)。

A. 火山　　　　B. 地震　　　　　C. 泥石流

5. 大部分火山是没有危害的，如地质学家描述的(　　)火山或者休眠火山。但是(　　)火山还是会有爆发的危险，并能够带来灾难性的破坏。

A. 死，活　　　B. 活，死

6. 火山爆发产生的大量无色无味的(　　)会在无风的山谷中堆积，让人在不知不觉中睡着，最后导致缺氧窒息而死。

A. 一氧化氢　　B. 二氧化碳　　　　C. 一氧化硫　　D. 一氧化碳

二、多项选择题

1. 户外躲避雷击应注意(　　)

A. 远离建筑物外露的水管、煤气管等金属物体及电力设备

B. 不要打伞行走，不要将手中物体举过头顶

C. 不要在雷雨中打球，踢球，骑自行车或狂奔

D. 不要在大树下避雨

2. 海啸是由(　)等可以导致大量海水位置活动的灾难引起的。

A. 海底地震　　　　　B. 塌方　　　　　C. 火山爆发

3. 高温预警信号分为三级，分别以(　)表示。

A. 黄色　　　　　　　B. 橙色　　　　　C. 红色　　　　　D. 绿色

4. 冰雹来袭的防范主要有(　)。

A. 注意收听有关降雹的预报(一般冰雹直径超过1厘米时,气象部门将发布冰雹警报)

B. 注意添加衣物，注意保暖

C. 关好门窗，妥善安置易受冰雹、大风影响的室外物品

D. 暂停户外活动，勿随意出行

E. 下冰雹时，应在室内躲避。如在室外，应用雨具或其他代用品(鞋子)保护头部，
并尽快转移到室内，避免砸伤

第5章　校园突发事件应对

5.1　防　　盗

盗窃案件在高校发生的各类案件中是最多的占 90% 以上，是危害大学生财产安全的重大隐患之一。盗窃不仅会给当事人造成不必要的经济损失，还会在一定程度上给当事人留下严重的猜测、怀疑等心理阴影。大学生应当掌握一些防范盗窃的知识，避免自身、他人和学校财产的损失。

一、盗窃案件易发场所

1. 大学生宿舍

大学生的学习、生活很有规律，这一点盗窃者很了解。据不完全统计，发生在校园的盗窃案件三成以上都是内盗，个别院校达到了五成，但是大多数案件仍是校外人员冒充学生，入室盗窃学生财物。通常较容易发生盗窃的宿舍是：

(1) 一楼的宿舍。特别是在夏天，因天气炎热，很多人喜欢打开窗户，当房间无人时，物品很容易从窗子里被勾出来，这就无形中给盗贼提供了盗窃的条件。

(2) 内部不团结、有矛盾的宿舍。这类宿舍很容易发生报复性的偷窃案件，女生宿舍表现得更加明显。

(3) 能冒充学生溜进去的宿舍。这类案件一般占到全年发案的 5 成以上。

2. 学生食堂

学生食堂也是高校发生盗窃案件频率较高的场所之一。同学们在食堂应该注意以下几点：

(1) 买饭、购买饭票、给饭卡充值排队时，应注意周边环境，提高警惕。特别是背着背包的同学尤其应注意身后的变化，以防有人盗窃。

(2) 随身物品不能随意置于身旁、身后等远离自己视线的地方，离开时应把物品带走。不要用书包占位置，造成人物分离现象。一是这样做不文明，二是这样做会给盗贼提供盗窃的机会。这类案件占到学生食堂失窃案的多数。

(3) 饭票、饭卡等物品不能随意搁放，饭卡要加密码，必要时设置最高消费额，发现丢失时应及时挂失。

3. 图书馆

窗明几净的图书馆是同学们看书学习的好地方，但同时也是发生盗窃最多的地方之一。建议同学们在图书馆要做好以下几点，以防自身财物被盗。

(1) 要严格遵守图书馆的规章制度。图书馆一般都设有专门保管物品的地方，可以把书包存放在规定的地方，这样不仅可以防盗，还可以使图书馆整洁。

(2) 贵重物品不能随便放在桌子上、椅子上，现金、贵重物品要做到不离身，以防盗贼顺手牵羊。如要短暂离开，应将现金、贵重物品带走或交给熟悉的同学代为保管。

4. 运动场所

同学们在运动场所锻炼时不要携带贵重物品，既要注意人身安全，也要注意自己的财产安全。

(1) 在运动场所尽量不要带过多现金和贵重物品，以避免物品丢失。

(2) 要把物品放在可以看到的地方或几个同学轮流看管，对于那些行为不正常的人要留个心眼，必要时可上前询问对方，这样也可以起到一定的震慑作用，让一些有盗窃企图的人放弃作案。

(3) 如发现有物品丢失，要及时向学校保卫处或者当地公安机关报案，也要在案发的第一时间在被盗现场周边巡查，如发现可疑人员要迅速报告，以便及时抓获盗贼。

二、盗窃的表现形式

据统计，在高校发生的盗窃案中，超过六成的案件系校外人员所为。其中，进入宿舍、教室、体育场所、食堂等实施违法犯罪的，均以校外人员为主。近四成的案件是学校和校内工作人员自己所为。学生宿舍既是外盗的高发地点，也是内盗的高发地点。

1. 内盗

内盗，是指学生内部人员或学校内部管理、服务人员实施的盗窃行为。根据有关资料显示，盗窃嫌疑人往往利用自己对盗窃目标的作息规律相当熟悉这一特点，寻找作案的最佳时机，进行盗窃，因而易于得手。专家提醒，这类案件具有隐蔽性和伪装性，要注意提高警惕。

2. 外盗

外盗，顾名思义是相对于内盗而言的，是指校外社会人员在学校实施的盗窃行为。

这些人往往见缝插针，利用学校管理上的漏洞，同学们生活中的疏忽，冒充学校人员或以找人为名进入校园内，盗取学校资产和师生财物。他们作案时往往携带作案工具，如螺丝刀、钳子、塑料插片等。

3. 内外勾结盗窃

内外勾结盗窃，即学校内部人员与校外社会人员相互勾结，在学校内实施的盗窃行为。这类案件的内部人员其社会交往关系比较复杂，与外部人员都有一定的利害关系，且盗窃的物品往往是单一的。

三、盗窃案件的主要特征

经过对大量案件的分析和总结，我们发现，一般盗窃案件都有以下共同点：实施盗窃前有预谋准备的窥测过程，俗称踩点；盗窃现场通常遗留痕迹、指纹、脚印、物证等；盗窃手段和方法常带有习惯性；有盗窃的赃款、赃物可查。由于客观场所和作案主体的特殊性，高校盗窃案件还有以下特点：

1. 时间上的选择性

盗窃分子为了减少违法犯罪风险，在作案时间上往往进行了充分的考虑。

(1) 上课时间。学生以学习为主，每天都有紧凑的课程安排，没有上课的学生大部分去图书馆或进行课余活动。上课时间，特别是上午一二节课，学生宿舍里一般无人，因此这一期间是外盗作案的高峰期。

(2) 可见时间。课间休息仅 10 分钟，学生在下课后一般都会走出教室放松，很少有同学回寝室，盗窃分子特别是内盗作案人员会利用此时间，在盗窃得手后迅速回教室上课，给人以其没有作案时间的假象。

(3) 夜间熟睡后。忙碌了一天，同学们都很疲惫，而且学校一般都有规定的熄灯时间，所以上床后很快入睡。盗窃分子常常趁夜深人静、室内人员熟睡之际行窃，特别是学生睡觉时不关寝室门窗，这更是给盗窃分子创造了有利条件。

(4) 新生入校时。新生刚入校时，由于彼此之间还不太熟悉，加之防范意识较差，偶尔有陌生人到寝室来也会以为是其他同学的老乡或熟人，不加盘问，轻信他人，这就给盗窃分子创造了可乘之机。

此外，军训、学校举办大型活动等期间，学生在宿舍的活动少，易被盗；校园发生和处置突发事件时，人们的注意力往往集中到某一点上而无暇顾及其他，盗窃分子往往会乘虚而入，浑水摸鱼。

2. 目标上的准确性

高校盗窃案件，特别是内部盗窃案件中，盗窃分子的盗窃目标比较准确。由于大家每天都生活、学习在同一个空间，加上同学之间互不存在戒备心理，东西随便放置，贵重物品放在柜子里也经常不上锁，因此内部盗窃分子极易得手。

3. 技术上的智能型

在高校盗窃案中，作案主体具有特殊性，以高智商的人为多，有的盗贼本身就是大学生。这些人在实施盗窃过程中对现代科技运用的程度较高，自制作案工具的效果独特有效，其盗窃技能明显高于一般盗窃分子。

4. 作案上的连续性

"首战告捷"以后，盗窃分子往往产生侥幸心理，加之高校报案的滞后和破案的延迟，盗窃分子易屡屡作案而形成一定的连续性。

5. 手段上的多样性

盗窃分子通常针对不同环境和地点，选择对自己较为有利的作案手段，以获得更大的利益。盗窃分子的手段到底有哪些呢？

(1) 顺手牵羊。盗窃分子趁人不备将放在桌椅、床铺等处的钱物据为己有。这种情况内盗较多，熟人作案的情况多。

(2) 乘虚而入。盗窃分子趁主人不在、房门抽屉未锁之际行窃，较之顺手牵羊，往往造成的损失更惨重。

(3) 窗外钓鱼。盗窃分子用竹竿、铁丝等工具，在窗外或阳台处将室内衣物、皮包钩出，有的甚至钩到钥匙，开门入室进行盗窃。

(4) 翻窗入室。盗窃分子利用房屋水管等设施翻越窗户入室行窃。

(5) 撬门扭锁。盗窃分子利用专用工具将锁具撬开或强行扭开入室行窃。这是外盗人员惯用的伎俩。

(6) 盗窃密码。盗窃分子有意获取他人存折与信用卡密码并伺机到银行盗取现金。这类手法常见于内盗案件，并且以关系较好的室友或朋友作案较多。

四、盗窃分子脱身的伎俩

盗窃分子脱身的伎俩可概括为以下五招：

(1) 骗。盗窃分子推说是找人，随便编个名字，如同学信以为真，不认真盘问，就被其蒙混过关。这类情况在同学越是密集的时候，发生的可能性越大。

(2) 逃。盗窃分子一旦败露，趁只有一两个人发现，还未对其形成合围之势，立即逃之夭夭。这类情况多发生在学校举办大型活动或者上课期间。

(3) 混。有些盗窃分子因深入宿舍偷盗，一时逃不出来，便躲藏在厕所、阳台、楼梯拐角等处，然后伺机离去。这类情况多发生在学生下课或大量学生返回宿舍期间。

(4) 求。盗窃分子被抓住后，往往装出一副可怜模样，哀求私了。

(5) 凶。盗窃分子被合围后，铤而走险，掏出凶器相威胁。这类情况虽不经常发生，但在围堵盗窃分子时，同学们对这一招应有必要的思想准备，防止发生意外，原则上是首先保护自己，特别是不要与持有凶器的盗窃分子发生正面冲突，然后想方设法通知保卫处与熟悉的师生，运用自己的智慧与之周旋，巧妙而又坚决地打击犯罪分子。

五、发生盗窃案件时的应对方法

1. 保护现场，及时报案

一旦发生被盗案件，不要惊慌失措，应迅速组织在场人员保护好现场，并及时向学校保卫部门报告，不得先翻动、查看自己是否有东西被偷，否则将不同程度地破坏现场有关的痕迹、物证，不利于调查取证。

2. 发现可疑，及时控制

如果发现可疑人员，一定要沉着冷静，应主动上前询问，一旦发现其有嫌疑，要设法将其稳住，必要时可组织同学围堵，并及时向有关部门报告。在无法当场抓获盗窃分子的情况下，应记住盗窃分子的特征，包括年龄、性别、身高、胖瘦、相貌、衣着、口音、习惯动作、佩戴首饰等，以便向有关部门提供破案线索。

3. 及时报失，配合调查

如果发现存折或银行卡被盗，应尽快到银行挂失。知情人员应当积极配合公安、保卫部门的调查取证工作。有的人对身边发案采取事不关己的态度，有的人在调查人员询问时不敢提供有关情况，怕受到打击报复或影响同学关系等，这些想法都是错误的，不但给侦查破案工作带来了许多困难，而且也贻误了破案的最好时机，使犯罪分子逍遥法外，继续作案。

如是物品丢失，应立即到保卫部门报案，详尽地提供丢失物品的特征，以便及时、准确地破获案件；自己也可组织同学帮忙，在校内其他地方寻找，一旦发现是自己丢的物品，不要惊动盗贼，应立即向保卫部门报告，在原地等候，以便更稳妥地抓住盗贼。

5.2　防　　抢

抢劫是指以非法占有为目的，用暴力、胁迫或其他的方法强行劫取财物的行为。抢夺则是以非法占有为目的，乘人不备公然夺取财物的行为。大学生涉世不深，缺乏社会经验，遇险被抢劫后大多不敢反抗，因此往往成为作案人员首先选择的对象。这两类案件在一定情况下往往容易转化为凶杀、伤害、强奸等恶性案件，造成被伤害者人身、财产和精神伤害。大学生只有充分认识其危险性，不断提高自我保护能力，才能有效地防止此类案件的发生，才能在遇到危险时采取恰当的防范措施，以减少不必要的伤害。

一、抢劫的特点

抢劫具有如下特点：

(1) 作案时间一般为人们休息或行人稀少、夜深人静之时。

(2) 抢劫案件多发生于比较偏僻、阴暗、人少的地带，一般为树林中、小山上、远离人群的地方，或无路灯的人行道、正在兴建或废弃的建筑物内。

(3) 抢劫对象主要是携带贵重物品的、单独行走的人，特别是单身女性、晚归无伴或少伴的、滞留于阴暗无人地带的人等。

(4) 外地流窜人员作案较多。

二、遭遇抢劫时的应对措施

遭遇抢劫时的应对措施有以下几个方面：

(1) 沉着冷静不恐慌。

无论何时遭抢劫，首先要保持镇定，克服恐惧恐慌的情绪；其次要有正义必然战胜邪恶的信念，只有这样，才能从精神和心理上压倒对方，继而以灵活的方式战胜对手。

(2) 力量悬殊不蛮干。

不法之徒实施抢劫作案，一般都做了相应准备，要么人多势众，要么以凶器相逼，在这个时候要"示弱"，一定主动掏出身上的部分或全部财物，以保自身安全为原则，绝不能蛮干，有的人由于性情刚烈，往往鲁莽行事，易被不法之徒伤害，最后人财两空。

(3) 快速撤退不犹豫。

俗话说"三十六计走为上策",如发现有人跟踪自己,则应想方设法摆脱他们。同学们如遇到抢劫,对比双方力量感到无法抗衡时,可看准时机向有灯光或人员集中的地方快速奔跑,作案人员由于心虚,一般不会穷追不舍,从而可有效避免案件的发生。

(4) 巧妙周旋不畏缩。

当受害人已处于作案人员的控制之下无法反抗时,可先交出部分财物缓和气氛,再理直气壮地向作案人员进行法制宣传教育或晓以利害。作案人员虽有其胆大妄为和凶悍的一面,更有其心虚的一面,要把握机会,找准时机大声喊叫,及时求救,造成作案人员心理上的恐慌而终止作案,或在作案人员心理开始动摇、放松警惕时,看准机会反抗或逃脱。

(5) 留下印记不放过。

一旦遭遇抢劫、抢夺,要尽量准确地记下作案人员的特征,如身高、年龄、发型、体态、衣着、特殊伤疤、语言及行为等,还可趁其不注意在作案人员身上留下暗记,如在衣服上涂墨水等,便于为公安机关侦破案件提供线索。

三、校园抢劫的防范措施

防范校园抢劫的措施有以下几点:

(1) 不外露或不炫耀随身携带的贵重物品。

(2) 深夜不要在偏僻地段行走,如树林中、茂盛的绿化带、僻静的小道小巷等,这些地方是抢劫案的高发地段,尤其是在夏天。

(3) 对陌生人不要过于亲近。

① 不要有问必答,不要接受陌生人请吃的东西,不要随意给陌生人留下自己的电话号码和住址,更不能轻易地到陌生人的家里去。

② 夜间乘车,一定要坐在后座,发现异常要立即下车,并记住车牌号,拨打 110 报警电话,不给坏人可乘之机。

5.3　防　　骗

诈骗是指以非法占有为目的,用虚构事实或隐瞒真相的方法骗取数额较大的财物的行为。大学诈骗案件是指以在校大学生为作案目标的诈骗案件。诈骗由于一般不使用暴力,是在一派平静甚至愉快的气氛下进行的,因此大学生容易上当。大学生诈骗案件侵害大学生的合法权益，使学生的身心受到沉重打击，轻者令学生烦恼或陷入经济困难影响其正常的学习和生活，无法顺利完成学业；重者则会使有些受害学生轻生和导致连环的治安及刑事案件发生。

一、常见的诈骗形式

常见的诈骗形式有以下几种：

(1) 伪装身份，骗取钱财。

(2) 投其所好，引诱上钩。常有诈骗分子以帮助办理出国手续、介绍工作等手法为诱饵，达到行骗的目的。

(3) 利用关系，寻机骗钱。常有一些前来寻访的同学、朋友、老乡之类的人，有些同学思想单纯，缺乏经验，轻易相信别人，结果被骗去钱财。

(4) 借贷为名，诈骗钱财。有的诈骗分子利用人们贪图便宜的心理，以高利还款为诱饵，向教师和学生以"急于用钱"为由借钱。

(5) 以次充好，恶意诈骗。一些诈骗分子打着物美价廉的旗号混入校园或学生宿舍里推销产品，以次充好。

(6) 手机诈骗，网络陷阱。手机或网络诈骗的伎俩主要有事先付款，有去无回；以次充好，短斤缺两；通知中奖，却要先付手续费；诱人的广告，套取你高额的电话费、手机号码或银行账号。

(7) 骗取信任，寻机作案。诈骗分子常利用一切机会与学生拉关系、套近乎，骗取信任后寻机作案。

(8) 故意制造事端，勒索钱财。

二、高校诈骗案件的主要特征

1. 手段上的智能性

诈骗人员在高校作案行骗时，一般都是利用丰富的知识、技能、经验，经过精心的策划，常常使用科技性高、迷惑性强的手法提高诱骗效果。

(1) 科技性高。最具有代表性的是利用互联网进行诈骗，一些远程匿名公司及个人通过互联网购物交易渠道向学生提供计算机设备、信用卡账号等信息，让学生直接汇款或复制信用卡账号进行款项划拨，达到骗取钱财的目的。

(2) 迷惑性强。诈骗人员在高校行骗，大都能摸准学生的心理，他们有着多次成功作案的经验，且能分清情势，随机应变，达到以假乱真的程度。

2. 方式上的多样性

高校诈骗案件的方式是多种多样的。作案人会根据不同的情况，使用不同的方式进行诈骗。

(1) 假冒身份，流窜作案。诈骗人员行骗时都会伪装自己的身份，常常冒充老乡、同学、亲戚等关系或其他身份，或利用假身份证、假名片，骗取学生信任而作案，得手后立即逃离。还有的以骗到的财物、名片、信誉等为资本，寻机作案，再去诈骗他人，重复作案。

(2) 投其所好，引诱上钩。诈骗人员行骗时往往先套话，利用学生急于就业和出国等心理，应其所急，施诡计骗取财物。

(3) 真实身份，虚假合同。诈骗人员利用高校学生经验少，急于赚钱补贴生活的心理，常以公司、实体职工的身份让学生为其推销产品，事后却不兑现酬金而使学生上当受骗。这类案件在高校有所增加，由于没有完备的合同手续，处理起来比较困难，往往得不偿失。

(4) 借贷为名，骗钱为实。诈骗人员利用人们贪图便宜的心理，以高利集资为诱饵，使部分教师和学生上当。有个别学生常以"急于用钱"为借口向其他同学借钱，然后挥霍一空，要债的追紧了就再向其他人借，拖到毕业一走了之。

(5) 以次充好，连骗带盗。诈骗人员利用学生经验少又图便宜的心理特点，上门推销各种假冒伪劣产品行骗，一旦发现室内无人，还有可能顺手牵羊，溜之大吉。

(6) 招聘为名，设置骗局。诈骗作案人员利用学生勤工助学的需求设置骗局，骗取介绍费、押金、报名费等；或是利用大众传播工具等到处做虚假广告，骗取培训费、学杂费等，然后又以各种理由拒绝退款。

(7) 骗取信任，寻机作案。诈骗人员利用一切机会与大学生拉关系、套近乎，或表现出相见恨晚之情，或表现出大方慷慨而以朋友相称，骗取信任，了解情况，寻机作案。

3. 目标上的选择性

诈骗人员行骗，一般与受骗人都有过较长时间的正面接触，既可能有面对面的交谈，也可能有信函交往，还有可能是通过网络来认识的。只有与作案人有过比较多的接触，作案人才会将其作为诈骗目标，伺机作案。诈骗受案人常表现出以下特点：轻率行事；疏于防范，感情用事；贪图便宜，财迷心窍；思想单纯，防范较差；贪图虚荣，遇事不够理智；贪小便宜，急功近利。

三、提高警惕、防范诈骗的办法

(1) 保持健康心态，提高防范意识，学会自我保护。

(2) 交友要谨慎，避免以感情代替理智。

(3) 同学之间要相互沟通，相互帮助，发现可疑人员要及时报告。

(4) 克服主观感觉，避免以貌取人。

(5) 服从校园管理，自觉遵守校纪校规。

四、受骗后的做法

(1) 平静心态，及时报案。

受害人无论是否因为自己的过错(如贪财、无知、轻信、粗心大意)而受骗，都要保持积极的心态，从受骗的噩梦中回到现实，吸取教训，及时向有关部门报告，切勿"哑巴吃黄连，有苦肚里咽"，要敢于斗争，切莫纵容。

(2) 提供线索，配合调查。

已经被骗并向有关部门报告的，要注意对作案人员遗留下来的文字资料、电话号码等证据予以保留，积极向学校保卫处和公安机关提供嫌疑人的体貌特征、与其交往的过程等线索，配合调查，以便追缴被骗的财物。

总之，针对学校师生的诈骗案，诈骗人员采用以借用银行卡汇钱、押手机借钱、捡钱分钱、手机没电借用、发短信或打电话告知中奖、利用网上获取学生以及学生家庭信息等多种手段作案，且多为团伙作案，团伙之间分工明确，有的冒充护士，有的冒充医生，还有的冒充系主任、班主任等，同学们一定要擦亮自己的眼睛，不要被眼前的东西迷惑，切莫贪图眼前小利。这些东西都是虚幻的、不真实的，自己的命运和美好的未来要靠自己去创造、去努力、去拼搏；天上不会掉馅饼，更重要的是不要让诈骗人员利用自己的同情心和美好的愿望去诈骗，以致影响自己对社会的认知，造成与他人相处缺少互信，这是非常可怕的。目前我们的社会更需要关爱与和谐，更需要诚信，这是我们社会发展的主流。

5.4　防范性骚扰和性侵害

一般认为，只要是一方通过言语的或形体的有关性内容的侵犯或暗示，从而给另一方造成心理上的反感、压抑或恐慌的，都可构成性骚扰。性侵害，主要是指在性方面造成的对受害人的伤害。性骚扰和性侵害是危害大学生身心健康的主要问题之一。因此，大学生了解一些性骚扰和性侵害的基本情况，掌握一些基本应对方法，是很有必要的。

一、性骚扰和性侵害的主要形式

1. 暴力型性侵害

暴力型性侵害是指犯罪人员使用暴力和野蛮的手段，如携带凶器威胁劫持女性或以暴力威胁加之言语恐吓，从而对女性进行强奸、轮奸或调戏的性侵害。其特点如下：

(1) 手段残暴。当性犯罪者进行性侵害时，必然遭到被害者的本能反抗，所以很多性犯罪者往往要施行暴力，而且手段野蛮和凶残，致使受害者受伤或者不敢反抗，以此来达到自己的犯罪目的。

(2) 行为无耻。为达到侵害女性的目的，犯罪者往往会不择手段摧残、凌辱受害者。

(3) 群体性。犯罪人员常采用群体性纠缠方式对女性进行性侵害，是因为人多势众，容易制止被害者的反抗而达到目的，还会使原来单人不敢作案的罪犯变得胆大妄为，这种团伙犯罪危害极大。

(4) 容易诱发其他犯罪。性犯罪的同时又常会诱发其他犯罪，如杀人灭口、争风吃醋、聚众斗殴等恶性事件。

2. 胁迫型性侵害

胁迫型性侵害，是指利用自己的权势、地位、职务之便，对有求于自己的受害人加以利诱和威胁，从而强迫受害人与其发生非暴力型的性行为。其特点如下：

(1) 利用职务之便或乘人之危而迫使受害人就范。

(2) 设置圈套引诱受害人。

(3) 利用过错或隐私要挟受害人。

3. 社交型性侵害

社交型性侵害，是指在自己的生活圈子里发生的性侵害，与受害人约会的大多是熟人、同学、同乡，甚至是男朋友。社交型性侵害又被称作熟人强奸、社交性强奸、沉默强奸、酒后强奸等。受害人身心受到伤害以后，往往出于各种考虑而不愿加以揭发。

4. 诱惑型性侵害

诱惑型性侵害是指利用受害人追求享乐、贪图钱财的心理，诱惑受害人而使其受到性侵害。

5. 滋扰型性侵害

滋扰型性侵害的主要形式如下：一是在公共场所有意识地挤碰女性等；二是暴露生殖器等变态性滋扰；三是向女性寻衅滋事，无理纠缠，用污言秽语进行挑逗，或者做出下流举动对女性进行调戏、侮辱。

二、容易遭受性骚扰、性侵害的时间和场所

1. 夏天

夏天是女性遭受性侵害的多发期。这是因为天气炎热，外出机会增多，夏季校园内绿树成荫，罪犯作案后容易藏身或逃脱。同时，由于夏季气温比较高，女性衣着单薄，裸露部分较多，因而对异性的刺激增多。

2. 夜晚

夜晚是女性最容易遭受性侵害的时间。因为夜间光线暗，犯罪人员作案时不容易被发现。所以，女性夜间应尽量减少外出。

3. 公共场所和僻静处所

公共场所和僻静处所是女性容易遭受性侵害的地方。在公共场所，如礼堂、舞池、溜冰场、游泳池、车站、码头、影院等人多拥挤时，犯罪人员常趁机触碰女性；僻静之处如公园假山、树林深处、夹道小巷、没有路灯的街道楼边、尚未交付使用的建筑物内、下班后的电梯内、无人居住的小屋和茅棚等，如果女性单独逗留，很容易遭到性骚扰。所以女性最好不要单独行走或逗留在上述这些地方。

三、预防性骚扰和性侵害

(1) 筑起思想防线，提高识别能力。

不要贪图他人的馈赠和邀请，以免因小失大。谨慎待人处事，对于不相识的异性，不要随便说出自己的真实情况，对于那些特别热情的异性，不管是否相识都要倍加注意，一旦发现某异性对自己不怀好意，甚至动手动脚或有越轨行为，一定要严厉拒绝、大胆反抗，必要时向有关领导和保卫部门报告，以便及时加以制止，防止事态进一步发展。

(2) 行为端正，态度明确。

态度坚决明确，令对方打消念头，不再有任何企图。如果自己态度暧昧、模棱两可，对方就会增加幻想，继续纠缠。拒绝对方要讲求策略，耐心说服，不宜嘲笑挖苦。社交活动中与男性单独交往时，要理智地、有节制地把握好自己，尤其应注意不能过

量饮酒。

(3) 学会用法律保护自己。

对那些失去理智、纠缠不清的人，女性特别是女大学生千万不要惧怕他们的要挟和讹诈，也不要怕他们打击、报复。要大胆揭发其阴谋或罪行，及时向领导和老师报告，学会依靠组织和运用法律武器保护自己。千万不能"私了"，"私了"的结果往往会使他们得寸进尺对自身形成进一步伤害。

(4) 学点防身术，提高自我防范的能力。

一般女性的体力均弱于男性，防身时要把握时机，出奇制胜，狠、准、快地出击其要害部位，即使不能制服对方，也可制造逃离险境的机会。人的身体各部分都可用来进行自卫反击，头的前部和后部可用来顶撞，拳头和手指可进行攻击，肘部背后猛击是最有强力的反抗，用膝盖对脸和腹股沟猛击相当有效果，用前脚掌飞快踢对方胫骨、膝盖和阴部非常有效。同时，要注意设法在案犯身上留下印记或痕迹，以便追查、辨认罪犯。

为了帮助女性危急中能使用我国刑法界定的正当防卫手段，结合实践，介绍以下几种正当防卫方法：

① 喊。有道是"做贼心虚"。犯罪人员在实施犯罪行为时，心虚是肯定的，大喊会扰乱犯罪人员的心绪，有可能阻止犯罪人员的恶性行为继续加深。假如犯罪人员正处于犯罪初始(刚着手)阶段，女性应当大声呼救，一方面可警示犯罪人员，另一方面以求得旁人闻声救助。

② 撒。若只身行路遭遇犯罪人员，呼喊无人，跑躲不开，犯罪人员仍然紧追不舍，女性可以就地取材，抓一把泥沙撒向犯罪人员面部(城市女性为防侵害，可以在衣袋、书包内常备些食盐)，这样做可以争取时间，跑脱后再去寻求援助。

③ 撕。如果撒的方法不起作用，仍被犯罪人员死死缠住，又打斗不过，此时女性可以在反抗中撕烂犯罪人员的衣裤，令其丑态百出，然后将他的衣裤碎片作为证据带到公安机关进行报案。

④ 抓。使劲撕仍不能制止加害行为的，可以向犯罪人员的面部、要害处抓去。抓时只有抓得狠，抓得死，将其抓破，才能达到制服犯罪人员、搜集证据的目的。将指甲里的残留物可成为公安机关破案的重要线索。

⑤ 踢。面对一时难以制服的犯罪人员，可以拼命踢向其致命器官，这样可以削弱他继续加害的能力。不少女性在自卫中使用过这一招，极见成效。

⑥ 变。若遇犯罪人员跟踪，不要害怕，变换行走路线，将其甩掉。

⑦ 认。受到犯罪人员的不法侵害时，如无法脱身，女性应牢记犯罪人员的面部和

体态特征，多记线索，以便在案发后 24 小时之内提供给公安人员。

⑧ 咬。犯罪人员施暴时常常先将女性的双臂缚住，此时在不得已中应抓住时机咬住其肉体不松口，迫使其松手。

⑨ 刺。如果遇上犯罪人员手中有凶器，女性要沉着，胆大心细，不要慌乱。犯罪人员要行奸，必会自脱衣裤，此时可借机行事。

在各类强奸案件中，犯罪人员的主观恶性深度不一样，而女性被侵害时的情况也不尽相同，这需要女性在遭遇不法侵害时胆大、不慌乱，依法自卫。

练 习 题

多项选择题

1. 发生盗窃案件时的应对方法有(　　)。

A. 保护现场，及时报案

B. 发现可疑，及时控制

C. 及时报失，配合调查

2. 遭遇抢劫时的应对措施有(　　)。

A. 沉着冷静不恐慌　　　　　B. 力量悬殊不蛮干　　　　C. 快速撤退不犹豫

D. 巧妙周旋不畏缩　　　　　E. 留下印记不放过

3. 校园抢劫的防范措施有(　　)。

A. 不外露或不炫耀随身携带的贵重物品

B. 深夜不要在偏僻地段行走，如树林中、茂盛的绿化带、僻静的小道小巷等，这些地方是抢劫案的高发地段，尤其在夏天更是案件频发

C. 对陌生人不要过于亲近

4. 防范诈骗案件的办法有(　　)。

A. 保持健康心态，提高防范意识，学会自我保护

B. 交友要谨慎，避免以感情代替理智

C. 同学之间要相互沟通，相互帮助，发现可疑人员要及时报告

D. 克服主观感觉，避免以貌取人

E. 服从校园管理，自觉遵守校纪校规

5. 容易遭受性骚扰、性侵害的时间和场所有(　　)。

A. 夏天　　　　　B. 夜晚　　　　C. 公共场所和僻静处所

6. 预防性骚扰和性侵害的主要办法有(　　)。

A. 筑起思想防线，提高识别能力

B. 行为端正，态度明确

C. 学会用法律保护自己

D. 学点防身术，提高自我防范的能力

法 规 篇

一、《普通高等学校学生管理规定》

中华人民共和国教育部令

中华人民共和国教育部令第 41 号

《普通高等学校学生管理规定》已于 2016 年 12 月 16 日经教育部 2016 年第 49 次部长办公会议修订通过，现将修订后的《普通高等学校学生管理规定》公布，自 2017 年 9 月 1 日起施行。

教育部部长　陈宝生

2017 年 2 月 4 日

普通高等学校学生管理规定

第一章　总　　则

第一条　为规范普通高等学校学生管理行为，维护普通高等学校正常的教育教学秩序和生活秩序，保障学生合法权益，培养德、智、体、美等方面全面发展的社会主义建设者和接班人，依据教育法、高等教育法以及有关法律、法规，制定本规定。

第二条　本规定适用于普通高等学校、承担研究生教育任务的科学研究机构（以下称学校）对接受普通高等学历教育的研究生和本科、专科（高职）学生（以下称学生）的管理。

第三条　学校要坚持社会主义办学方向，坚持马克思主义的指导地位，全面贯彻国家教育方针；要坚持以立德树人为根本，以理想信念教育为核心，培育和践行社会主义核心价值观，弘扬中华优秀传统文化和革命文化、社会主义先进文化，培养学生的社会责任感、创新精神和实践能力；要坚持依法治校，科学管理，健全和完善管理制度，规范管理行为，将管理与育人相结合，不断提高管理和服务水平。

第四条 学生应当拥护中国共产党领导，努力学习马克思列宁主义、毛泽东思想、中国特色社会主义理论体系，深入学习习近平总书记系列重要讲话精神和治国理政新理念新思想新战略，坚定中国特色社会主义道路自信、理论自信、制度自信、文化自信，树立中国特色社会主义共同理想；应当树立爱国主义思想，具有团结统一、爱好和平、勤劳勇敢、自强不息的精神；应当增强法治观念，遵守宪法、法律、法规，遵守公民道德规范，遵守学校管理制度，具有良好的道德品质和行为习惯；应当刻苦学习，勇于探索，积极实践，努力掌握现代科学文化知识和专业技能；应当积极锻炼身体，增进身心健康，提高个人修养，培养审美情趣。

第五条 实施学生管理，应当尊重和保护学生的合法权利，教育和引导学生承担应尽的义务与责任，鼓励和支持学生实行自我管理、自我服务、自我教育、自我监督。

第二章　学生的权利与义务

第六条 学生在校期间依法享有下列权利：

（一）参加学校教育教学计划安排的各项活动，使用学校提供的教育教学资源；

（二）参加社会实践、志愿服务、勤工助学、文娱体育及科技文化创新等活动，获得就业创业指导和服务；

（三）申请奖学金、助学金及助学贷款；

（四）在思想品德、学业成绩等方面获得科学、公正评价，完成学校规定学业后获得相应的学历证书、学位证书；

（五）在校内组织、参加学生团体，以适当方式参与学校管理，对学校与学生权益相关事务享有知情权、参与权、表达权和监督权；

（六）对学校给予的处理或者处分有异议，向学校、教育行政部门提出申诉，对学校、教职员工侵犯其人身权、财产权等合法权益的行为，提出申诉或者依法提起诉讼；

（七）法律、法规及学校章程规定的其他权利。

第七条 学生在校期间依法履行下列义务：

（一）遵守宪法和法律、法规；

（二）遵守学校章程和规章制度；

（三）恪守学术道德，完成规定学业；

（四）按规定缴纳学费及有关费用，履行获得贷学金及助学金的相应义务；

（五）遵守学生行为规范，尊敬师长，养成良好的思想品德和行为习惯；

（六）法律、法规及学校章程规定的其他义务。

第三章 学籍管理

第一节 入学与注册

第八条 按国家招生规定录取的新生，持录取通知书，按学校有关要求和规定的期限到校办理入学手续。因故不能按期入学的，应当向学校请假。未请假或者请假逾期的，除因不可抗力等正当事由以外，视为放弃入学资格。

第九条 学校应当在报到时对新生入学资格进行初步审查，审查合格的办理入学手续，予以注册学籍；审查发现新生的录取通知、考生信息等证明材料，与本人实际情况不符，或者有其他违反国家招生考试规定情形的，取消入学资格。

第十条 新生可以申请保留入学资格。保留入学资格期间不具有学籍。保留入学资格的条件、期限等由学校规定。

新生保留入学资格期满前应向学校申请入学，经学校审查合格后，办理入学手续。审查不合格的，取消入学资格；逾期不办理入学手续且未有因不可抗力延迟等正当理由的，视为放弃入学资格。

第十一条 学生入学后，学校应当在 3 个月内按照国家招生规定进行复查。复查内容主要包括以下方面：

（一）录取手续及程序等是否合乎国家招生规定；

（二）所获得的录取资格是否真实、合乎相关规定；

（三）本人及身份证明与录取通知、考生档案等是否一致；

（四）身心健康状况是否符合报考专业或者专业类别体检要求，能否保证在校正常学习、生活；

（五）艺术、体育等特殊类型录取学生的专业水平是否符合录取要求。

复查中发现学生存在弄虚作假、徇私舞弊等情形的，确定为复查不合格，应当取消学籍；情节严重的，学校应当移交有关部门调查处理。

复查中发现学生身心状况不适宜在校学习，经学校指定的二级甲等以上医院诊断，需要在家休养的，可以按照第十条的规定保留入学资格。

复查的程序和办法，由学校规定。

第十二条　每学期开学时，学生应当按学校规定办理注册手续。不能如期注册的，应当履行暂缓注册手续。未按学校规定缴纳学费或者有其他不符合注册条件的，不予注册。

家庭经济困难的学生可以申请助学贷款或者其他形式资助，办理有关手续后注册。

学校应当按照国家有关规定为家庭经济困难学生提供教育救助，完善学生资助体系，保证学生不因家庭经济困难而放弃学业。

第二节　考核与成绩记载

第十三条　学生应当参加学校教育教学计划规定的课程和各种教育教学环节（以下统称课程）的考核，考核成绩记入成绩册，并归入学籍档案。

考核分为考试和考查两种。考核和成绩评定方式，以及考核不合格的课程是否重修或者补考，由学校规定。

第十四条　学生思想品德的考核、鉴定，以本规定第四条为主要依据，采取个人小结、师生民主评议等形式进行。

学生体育成绩评定要突出过程管理，可以根据考勤、课内教学、课外锻炼活动和体质健康等情况综合评定。

第十五条　学生每学期或者每学年所修课程或者应修学分数以及升级、跳级、留级、降级等要求，由学校规定。

第十六条　学生根据学校有关规定，可以申请辅修校内其他专业或者选修其他专业课程；可以申请跨校辅修专业或者修读课程，参加学校认可的开放式网络课程学习。学生修读的课程成绩（学分），学校审核同意后，予以承认。

第十七条　学生参加创新创业、社会实践等活动以及发表论文、获得专利授权等与专业学习、学业要求相关的经历、成果，可以折算为学分，计入学业成绩。具体办法由学校规定。

学校应当鼓励、支持和指导学生参加社会实践、创新创业活动，可以建立创新创业档案、设置创新创业学分。

第十八条　学校应当健全学生学业成绩和学籍档案管理制度，真实、完整地记载、出具学生学业成绩，对通过补考、重修获得的成绩，应当予以标注。

学生严重违反考核纪律或者作弊的，该课程考核成绩记为无效，并应视其违纪或者作弊情节，给予相应的纪律处分。给予警告、严重警告、记过及留校察看处分的，经教育表现较好，可以对该课程给予补考或者重修机会。

学生因退学等情况中止学业，其在校学习期间所修课程及已获得学分，应当予以记录。学生重新参加入学考试、符合录取条件，再次入学的，其已获得学分，经录取学校认定，可以予以承认。具体办法由学校规定。

第十九条　学生应当按时参加教育教学计划规定的活动。不能按时参加的，应当事先请假并获得批准。无故缺席的，根据学校有关规定给予批评教育，情节严重的，给予相应的纪律处分。

第二十条　学校应当开展学生诚信教育，以适当方式记录学生学业、学术、品行等方面的诚信信息，建立对失信行为的约束和惩戒机制；对有严重失信行为的，可以规定给予相应的纪律处分，对违背学术诚信的，可以对其获得学位及学术称号、荣誉等作出限制。

第三节　转专业与转学

第二十一条　学生在学习期间对其他专业有兴趣和专长的，可以申请转专业；以特殊招生形式录取的学生，国家有相关规定或者录取前与学校有明确约定的，不得转专业。

学校应当制订学生转专业的具体办法，建立公平、公正的标准和程序，健全公示制度。学校根据社会对人才需求情况的发展变化，需要适当调整专业的，应当允许在读学生转到其他相关专业就读。

休学创业或退役后复学的学生，因自身情况需要转专业的，学校应当优先考虑。

第二十二条　学生一般应当在被录取学校完成学业。因患病或者有特殊困难、特别需要，无法继续在本校学习或者不适应本校学习要求的，可以申请转学。有下列情形之一，不得转学：

（一）入学未满一学期或者毕业前一年的；

（二）高考成绩低于拟转入学校相关专业同一生源地相应年份录取成绩的；

（三）由低学历层次转为高学历层次的；

（四）以定向就业招生录取的；

（五）研究生拟转入学校、专业的录取控制标准高于其所在学校、专业的；

（六）无正当转学理由的。

学生因学校培养条件改变等非本人原因需要转学的，学校应当出具证明，由所在地省级教育行政部门协调转学到同层次学校。

第二十三条　学生转学由学生本人提出申请，说明理由，经所在学校和拟转入学校同意，由转入学校负责审核转学条件及相关证明，认为符合本校培养要求且学校有培养能力的，经学校校长办公会或者专题会议研究决定，可以转入。研究生转学还应当经拟转入专业导师同意。

跨省转学的，由转出地省级教育行政部门商转入地省级教育行政部门，按转学条件确认后办理转学手续。须转户口的由转入地省级教育行政部门将有关文件抄送转入学校所在地的公安机关。

第二十四条　学校应当按照国家有关规定，建立健全学生转学的具体办法；对转学情况应当及时进行公示，并在转学完成后 3 个月内，由转入学校报所在地省级教育行政部门备案。

省级教育行政部门应当加强对区域内学校转学行为的监督和管理，及时纠正违规转学行为。

第四节　休学与复学

第二十五条　学生可以分阶段完成学业，除另有规定外，应当在学校规定的最长学习年限（含休学和保留学籍）内完成学业。

学生申请休学或者学校认为应当休学的，经学校批准，可以休学。休学次数和期限由学校规定。

第二十六条　学校可以根据情况建立并实行灵活的学习制度。对休学创业的学生，可以单独规定最长学习年限，并简化休学批准程序。

第二十七条　新生和在校学生应征参加中国人民解放军（含中国人民武装警察部队），学校应当保留其入学资格或者学籍至退役后 2 年。

学生参加学校组织的跨校联合培养项目，在联合培养学校学习期间，学校同时为其保留学籍。

学生保留学籍期间，与其实际所在的部队、学校等组织建立管理关系。

第二十八条　休学学生应当办理手续离校。学生休学期间，学校应为其保留学籍，但不享受在校学习学生待遇。因病休学学生的医疗费按国家及当地的有关规定处理。

第二十九条　学生休学期满前应当在学校规定的期限内提出复学申请，经学校复查合格，方可复学。

第五节　退　学

第三十条　学生有下列情形之一，学校可予退学处理：

（一）学业成绩未达到学校要求或者在学校规定的学习年限内未完成学业的；

（二）休学、保留学籍期满，在学校规定期限内未提出复学申请或者申请复学经复查不合格的；

（三）根据学校指定医院诊断，患有疾病或者意外伤残不能继续在校学习的；

（四）未经批准连续两周未参加学校规定的教学活动的；

（五）超过学校规定期限未注册而又未履行暂缓注册手续的；

（六）学校规定的不能完成学业、应予退学的其他情形。

学生本人申请退学的，经学校审核同意后，办理退学手续。

第三十一条　退学学生，应当按学校规定期限办理退学手续离校。退学的研究生，按已有毕业学历和就业政策可以就业的，由学校报所在地省级毕业生就业部门办理相关手续；在学校规定期限内没有聘用单位的，应当办理退学手续离校。

退学学生的档案由学校退回其家庭所在地，户口应当按照国家相关规定迁回原户籍地或者家庭户籍所在地。

第六节　毕业与结业

第三十二条　学生在学校规定学习年限内，修完教育教学计划规定内容，成绩合格，达到学校毕业要求的，学校应当准予毕业，并在学生离校前发给毕业证书。

符合学位授予条件的，学位授予单位应当颁发学位证书。

学生提前完成教育教学计划规定内容，获得毕业所要求的学分，可以申请提前毕业。学生提前毕业的条件，由学校规定。

第三十三条　学生在学校规定学习年限内，修完教育教学计划规定内容，但未达到学校毕业要求的，学校可以准予结业，发给结业证书。

结业后是否可以补考、重修或者补作毕业设计、论文、答辩，以及是否颁发毕业证书、学位证书，由学校规定。合格后颁发的毕业证书、学位证书，毕业时间、获得学位时间按发证日期填写。

对退学学生，学校应当发给肄业证书或者写实性学习证明。

第七节　学业证书管理

第三十四条　学校应当严格按照招生时确定的办学类型和学习形式，以及学生招生录取时填报的个人信息，填写、颁发学历证书、学位证书及其他学业证书。

学生在校期间变更姓名、出生日期等证书需填写的个人信息的，应当有合理、充分的理由，并提供有法定效力的相应证明文件。学校进行审查，需要学生生源地省级教育行政部门及有关部门协助核查的，有关部门应当予以配合。

第三十五条　学校应当执行高等教育学籍学历电子注册管理制度，完善学籍学历信息管理办法，按相关规定及时完成学生学籍学历电子注册。

第三十六条　对完成本专业学业同时辅修其他专业并达到该专业辅修要求的学生，由学校发给辅修专业证书。

第三十七条　对违反国家招生规定取得入学资格或者学籍的，学校应当取消其学籍，不得发给学历证书、学位证书；已发的学历证书、学位证书，学校应当依法予以撤销。对以作弊、剽窃、抄袭等学术不端行为或者其他不正当手段获得学历证书、学位证书的，学校应当依法予以撤销。

被撤销的学历证书、学位证书已注册的，学校应当予以注销并报教育行政部门宣布无效。

第三十八条　学历证书和学位证书遗失或者损坏，经本人申请，学校核实后应当出具相应的证明书。证明书与原证书具有同等效力。

第四章　校园秩序与课外活动

第三十九条　学校、学生应当共同维护校园正常秩序，保障学校环境安全、稳定，保障学生的正常学习和生活。

第四十条　学校应当建立和完善学生参与管理的组织形式，支持和保障学生依法、依章程参与学校管理。

第四十一条　学生应当自觉遵守公民道德规范，自觉遵守学校管理制度，创造和维护文明、整洁、优美、安全的学习和生活环境，树立安全风险防范和自我保护意识，保障自身合法权益。

第四十二条　学生不得有酗酒、打架斗殴、赌博、吸毒，传播、复制、贩卖非法书刊和音像制品等违法行为；不得参与非法传销和进行邪教、封建迷信活动；不得从事或者参与有损大学生形象、有悖社会公序良俗的活动。

学校发现学生在校内有违法行为或者严重精神疾病可能对他人造成伤害的，可以依法采取或者协助有关部门采取必要措施。

第四十三条　学校应当坚持教育与宗教相分离原则。任何组织和个人不得在学校进行宗教活动。

第四十四条　学校应当建立健全学生代表大会制度，为学生会、研究生会等开展活动提供必要条件，支持其在学生管理中发挥作用。

学生可以在校内成立、参加学生团体。学生成立团体，应当按学校有关规定提出书面申请，报学校批准并施行登记和年检制度。

学生团体应当在宪法、法律、法规和学校管理制度范围内活动，接受学校的领导和管理。学生团体邀请校外组织、人员到校举办讲座等活动，需经学校批准。

第四十五条 学校提倡并支持学生及学生团体开展有益于身心健康、成长成才的学术、科技、艺术、文娱、体育等活动。

学生进行课外活动不得影响学校正常的教育教学秩序和生活秩序。

学生参加勤工助学活动应当遵守法律、法规以及学校、用工单位的管理制度，履行勤工助学活动的有关协议。

第四十六条 学生举行大型集会、游行、示威等活动，应当按法律程序和有关规定获得批准。对未获批准的，学校应当依法劝阻或者制止。

第四十七条 学生应当遵守国家和学校关于网络使用的有关规定，不得登录非法网站和传播非法文字、音频、视频资料等，不得编造或者传播虚假、有害信息；不得攻击、侵入他人计算机和移动通讯网络系统。

第四十八条 学校应当建立健全学生住宿管理制度。学生应当遵守学校关于学生住宿管理的规定。鼓励和支持学生通过制订公约，实施自我管理。

第五章 奖 励 与 处 分

第四十九条 学校、省(区、市)和国家有关部门应当对在德、智、体、美等方面全面发展或者在思想品德、学业成绩、科技创造、体育竞赛、文艺活动、志愿服务及社会实践等方面表现突出的学生，给予表彰和奖励。

第五十条 对学生的表彰和奖励可以采取授予"三好学生"称号或者其他荣誉称号、颁发奖学金等多种形式，给予相应的精神鼓励或者物质奖励。

学校对学生予以表彰和奖励，以及确定推荐免试研究生、国家奖学金、公派出国留学人选等赋予学生利益的行为，应当建立公开、公平、公正的程序和规定，建立和完善相应的选拔、公示等制度。

第五十一条 对有违反法律法规、本规定以及学校纪律行为的学生，学校应当给予批评教育，并可视情节轻重，给予如下纪律处分：

（一）警告；

（二）严重警告；

（三）记过；

（四）留校察看；

（五）开除学籍。

第五十二条　学生有下列情形之一，学校可以给予开除学籍处分：

（一）违反宪法，反对四项基本原则、破坏安定团结、扰乱社会秩序的；

（二）触犯国家法律，构成刑事犯罪的；

（三）受到治安管理处罚，情节严重、性质恶劣的；

（四）代替他人或者让他人代替自己参加考试、组织作弊、使用通信设备或其他器材作弊、向他人出售考试试题或答案牟取利益，以及其他严重作弊或扰乱考试秩序行为的；

（五）学位论文、公开发表的研究成果存在抄袭、篡改、伪造等学术不端行为，情节严重的，或者代写论文、买卖论文的；

（六）违反本规定和学校规定，严重影响学校教育教学秩序、生活秩序以及公共场所管理秩序的；

（七）侵害其他个人、组织合法权益，造成严重后果的；

（八）屡次违反学校规定受到纪律处分，经教育不改的。

第五十三条　学校对学生作出处分，应当出具处分决定书。处分决定书应当包括下列内容：

（一）学生的基本信息；

（二）作出处分的事实和证据；

（三）处分的种类、依据、期限；

（四）申诉的途径和期限；

（五）其他必要内容。

第五十四条　学校给予学生处分，应当坚持教育与惩戒相结合，与学生违法、违纪行为的性质和过错的严重程度相适应。学校对学生的处分，应当做到证据充分、依据明确、定性准确、程序正当、处分适当。

第五十五条　在对学生作出处分或者其他不利决定之前，学校应当告知学生作出决定的事实、理由及依据，并告知学生享有陈述和申辩的权利，听取学生的陈述和申辩。

处理、处分决定以及处分告知书等，应当直接送达学生本人，学生拒绝签收的，可以以留置方式送达；已离校的，可以采取邮寄方式送达；难于联系的，可以利用学校网站、新闻媒体等以公告方式送达。

第五十六条 对学生作出取消入学资格、取消学籍、退学、开除学籍或者其他涉及学生重大利益的处理或者处分决定的,应当提交校长办公会或者校长授权的专门会议研究决定,并应当事先进行合法性审查。

第五十七条 除开除学籍处分以外,给予学生处分一般应当设置6到12个月期限,到期按学校规定程序予以解除。解除处分后,学生获得表彰、奖励及其他权益,不再受原处分的影响。

第五十八条 对学生的奖励、处理、处分及解除处分材料,学校应当真实完整地归入学校文书档案和本人档案。

被开除学籍的学生,由学校发给学习证明。学生按学校规定期限离校,档案由学校退回其家庭所在地,户口应当按照国家相关规定迁回原户籍地或者家庭户籍所在地。

第六章 学 生 申 诉

第五十九条 学校应当成立学生申诉处理委员会,负责受理学生对处理或者处分决定不服提起的申诉。

学生申诉处理委员会应当由学校相关负责人、职能部门负责人、教师代表、学生代表、负责法律事务的相关机构负责人等组成,可以聘请校外法律、教育等方面专家参加。

学校应当制订学生申诉的具体办法,健全学生申诉处理委员会的组成与工作规则,提供必要条件,保证其能够客观、公正地履行职责。

第六十条 学生对学校的处理或者处分决定有异议的,可以在接到学校处理或者处分决定书之日起10日内,向学校学生申诉处理委员会提出书面申诉。

第六十一条 学生申诉处理委员会对学生提出的申诉进行复查,并在接到书面申诉之日起15日内作出复查结论并告知申诉人。情况复杂不能在规定限期内作出结论的,经学校负责人批准,可延长15日。学生申诉处理委员会认为必要的,可以建议学校暂缓执行有关决定。

学生申诉处理委员会经复查,认为做出处理或者处分的事实、依据、程序等存在不当,可以作出建议撤销或变更的复查意见,要求相关职能部门予以研究,重新提交校长办公会或者专门会议作出决定。

第六十二条 学生对复查决定有异议的,在接到学校复查决定书之日起15日内,可以向学校所在地省级教育行政部门提出书面申诉。

省级教育行政部门应当在接到学生书面申诉之日起 30 个工作日内，对申诉人的问题给予处理并作出决定。

第六十三条　省级教育行政部门在处理因对学校处理或者处分决定不服提起的学生申诉时，应当听取学生和学校的意见，并可根据需要进行必要的调查。根据审查结论，区别不同情况，分别作出下列处理：

（一）事实清楚、依据明确、定性准确、程序正当、处分适当的，予以维持；

（二）认定事实不存在，或者学校超越职权、违反上位法规定作出决定的，责令学校予以撤销；

（三）认定事实清楚，但认定情节有误、定性不准确，或者适用依据有错误的，责令学校变更或者重新作出决定；

（四）认定事实不清、证据不足，或者违反本规定以及学校规定的程序和权限的，责令学校重新作出决定。

第六十四条　自处理、处分或者复查决定书送达之日起，学生在申诉期内未提出申诉的视为放弃申诉，学校或者省级教育行政部门不再受理其提出的申诉。

处理、处分或者复查决定书未告知学生申诉期限的，申诉期限自学生知道或者应当知道处理或者处分决定之日起计算，但最长不得超过 6 个月。

第六十五条　学生认为学校及其工作人员违反本规定，侵害其合法权益的；或者学校制订的规章制度与法律法规和本规定抵触的，可以向学校所在地省级教育行政部门投诉。

教育主管部门在实施监督或者处理申诉、投诉过程中，发现学校及其工作人员有违反法律、法规及本规定的行为或者未按照本规定履行相应义务的，或者学校自行制订的相关管理制度、规定，侵害学生合法权益的，应当责令改正；发现存在违法违纪的，应当及时进行调查处理或者移送有关部门，依据有关法律和相关规定，追究有关责任人的责任。

第七章　附　　则

第六十六条　学校对接受高等学历继续教育的学生、港澳台侨学生、留学生的管理，参照本规定执行。

第六十七条　学校应当根据本规定制订或修改学校的学生管理规定或者纪律处分

规定，报主管教育行政部门备案(中央部委属校同时抄报所在地省级教育行政部门)，并及时向学生公布。

省级教育行政部门根据本规定，指导、检查和监督本地区高等学校的学生管理工作。

第六十八条 本规定自 2017 年 9 月 1 日起施行。原《普通高等学校学生管理规定》(教育部令第 21 号)同时废止。其他有关文件规定与本规定不一致的，以本规定为准。

二、《普通高等学校学生安全教育及管理暂行规定》

第一章　总　　则

第一条　为加强高等学校管理，维护正常的教学活动秩序，保障学生人身和财物的安全，促进身心健康发展，特制定本暂行规定。

第二条　高等学校学生安全教育及管理的主要任务是：宣传、贯彻国家有关安全管理工作的方针、政策、法律、法规，对学生实施安全教育及管理，妥善处理各类安全事故，引导学生健康成长。

第三条　高等学校学生安全教育及管理要以预防为主，本着保护学生、教育先行、明确责任、教管结合、实事求是、妥善处理的原则，做好教育、管理和处理工作。

第四条　本暂行规定所称学生指在普通高等学校学习取得学籍的全日制学生。即按国家任务，用人单位委托培养，自费三种计划形式录取的学生。

第二章　安全教育

第五条　高等学校应将对学生安全教育作为一项经常性工作，列入学校工作的重要议事日程，加强领导，学校各部门和有关群众团体或组织要相互配合，积极开展安全教育，普及安全知识，增强学生的安全意识和法治观念，提高防范能力。

第六条　学生安全教育应根据不同专业及青年学生的特点，从学生入学到毕业，在各种教学活动和日常生活中，特别是节假日前适时进行，并善于利用发生的安全事故教育学生防患于未然。

第七条　高等学校对学生进行安全教育须注重心理疏导，加强思想政治工作，教育学生注意保持健康的心理状态，帮助学生克服因各种原因造成的心理障碍，把事故消除在萌芽状态。

第三章　安　全　管　理

第八条　高等学校要做好学生日常安全管理工作，加强安全防范，建立和健全规章制度，严格管理。学校要把安全教育及管理工作纳入领导任期的责任目标，落实到年级、班主任。学校应由一名校领导主要负责。

第九条　高等学校应确定学生安全教育及管理工作的主管部门，明确其职责，具体组织实施安全教育及管理工作。各有关部门应分工协作，积极配合。

第十条　全体教职工要从关心学生，爱护学生出发，树立安全思想，努力做好本职工作，改善环境与条件，保护学生人身财产安全。

第十一条　学生发生意外事故以及学生要求保护人身或财物安全等情况时，学校应迅速采取有效措施。

第十二条　学生必须严格遵守国家法律、法规和学校的各项规章制度，注意自身的人身和财产安全，防止各种事故的发生。

第十三条　学生在日常教学及各项活动中，应遵守纪律和有关规定，听从指导，服从管理；在公共场所，要遵守社会公德，增强安全防范意识，提高自我保护能力。

第十四条　学生组织集体课外活动，须经学校同意，按学校规定进行。学校须认真进行安全审查，条件不具备时不得批准。

第十五条　学生要严格遵守宿舍管理的规定，自觉维护宿舍的安全与卫生，提高自我管理能力。

第十六条　发现刑事、治安案件或交通、灾害等事故，在场学生应保护现场，及时报告学校或公安部门并协作处理。在学校范围内的，学校应迅速采取措施，控制事态发展，减轻伤害和损失。

第四章　事　故　处　理

第十七条　学生人身和财产发生一般伤害后，学校要及时调查处理，根据当事人或他人的过错，责令其赔偿损失，并给予批评教育或相应的行政、纪律处分。

在校园内，发生学生非正常死亡、重伤或被窃、失火等造成财产重大损失事故后，学校应迅速采取措施进行抢救、保护现场、同时加强思想政治工作，稳定情绪，恢复秩序，并协同地方有关部门妥善处理。

第十八条　学校对事故调查后认为涉及追究刑事责任的，要及时与公安部门联系，协作调查处理。

重大事故学校有关领导应亲自参与调查工作，并认真研究调查报告，及时处理。

第十九条　在安全管理或事故处理过程中，学校认为有必要搜查学生住处，须报请公安部门依法进行。调查处理案件中要以事实为依据，不得逼供或诱供。

第二十条　重大事故发生后，学校应在一天内向所在省、自治区、直辖市有关主管部门报告，并及时通知学生家长。事故处理结束后一周内书面报告有关主管部门。

第二十一条　学生在教学、实习过程与日常生活中，因学校或有关单位责任发生死亡、重伤或残疾，由学校或有关单位承担责任，做好处理及善后工作。

在教学、实习过程与日常生活中，学生因不遵守纪律或不按要求活动而发生意外事故，学校不承担责任。

第二十二条　因忽视安全生产、管理不善；工作不负责任，违章指挥；玩忽职守，徇私舞弊等对学生造成严重的人身、财务损害的，由其所在单位或上级主管部门，视具体情况对有关负责人员分别给予责任检查、赔偿损失、行政处分，直至依法追究刑事责任。

第二十三条　学生未经批准擅自离校发生意外事故的，学校不承担责任。对擅自离校不归，学校不知去向的学生，学校应及时寻找并报告当地公安部门，及时通知家长。半月不归且未说明原因者，学校可张榜公布，按自动退学除名。

第二十四条　学生假期或办理离校手续后发生意外事故的，学校不承担责任。

第二十五条　在校内正常生活及由学校在校外组织的活动中由于不能避免的原因或自然灾害而发生的事故，由学校视具体情况处理。

第二十六条　有条件的高等学校可为学生办理人身保险。

第二十七条　凡经学校指定的专业医院确诊为精神病、癫痫病患者的学生，应予退学，由其监护人负责领回。学生及其监护人不得无理纠缠，扰乱学校教学、生活秩序。

第二十八条　凡事故伤残的学生，经治疗后病情稳定，学校认为生活能自理，能坚持在校学习，可继续学习；不能坚持在校学习者，应予退学，由学校按其实际年限发给肄业证书，并根据事故性质和伤残程度一次性给予适当经济补助。退学学生回其监护人所在地，当地民政等有关部门应协助做好接收、落户等工作，由当地劳动部门按国家关于残疾人劳动就业有关规定安置。

第二十九条　学生因病死亡和责任不由学校承担的意外死亡，学校不得承担丧葬费。如家庭确有困难者，学校可酌情予以一次性经济补助。

第三十条　因责任不在本人的意外死亡学生，由学校或有关单位参照国家有关事业职工死亡丧葬有关规定处理，负担丧葬费的全部，学校可一次性给予适当经济补助。无论何种情况(事故)给予的经济补助，一般不超过国家规定的学生在校期间(以四年计)的平均奖学金数。

凡是事故责任由学校以外的其单位、个人承担的，学校不再给予经济补助。

第三十一条　因保护国家财产和他人人身安全，见义勇为而致残或英勇牺牲的学生，学校应报请所在省、自治区、直辖市人民政府授予荣誉称号，并给予相应的待遇。

第三十二条　对事故处理不服或持有异议者，可向学校或学校上一级部门申诉，或者依法向人民法院提起民事诉讼。

第五章　附　　则

第三十三条　普通高等学校研究生事故处理，参照本办法执行。

第三十四条　本暂行规定结合《普通高等学校学生管理规定》《高等学校校园秩序管理若干规定》试行。

第三十五条　各省、自治区、直辖市教育行政部门和各高等学校可根据本暂行规定制定实施细则。

第三十六条　本暂行规定由国家教育委员会解释。

第三十七条　本暂行规定自发布之日起执行。

三、《学生伤害事故处理办法》

(2002 年 6 月 25 日　教育部发布)

第一章　总　　则

第一条　为积极预防、妥善处理在校学生伤害事故，保护学生、学校的合法权益，根据《中华人民共和国教育法》《中华人民共和国未成年人保护法》和其他相关法律、行政法规及有关规定，制定本办法。

第二条　在学校实施的教育教学活动或者学校组织的校外活动中，以及在学校负有管理责任的校舍、场地、其他教育教学设施、生活设施内发生的，造成在校学生人身损害后果的事故的处理，适用本办法。

第三条　学生伤害事故应当遵循依法、客观公正、合理适当的原则，及时、妥善地处理。

第四条　学校的举办者应当提供符合安全标准的校舍、场地、其他教育教学设施和生活设施。

教育行政部门应当加强学校安全工作，指导学校落实预防学生伤害事故的措施，指导、协助学校妥善处理学生伤害事故，维护学校正常的教育教学秩序。

第五条　学校应当对在校学生进行必要的安全教育和自护自救教育；应当按照规定，建立健全安全制度，采取相应的管理措施，预防和消除教育教学环境中存在的安全隐患；当发生伤害事故时，应当及时采取措施救助受伤害学生。

学校对学生进行安全教育、管理和保护，应当针对学生年龄、认知能力和法律行为能力的不同，采用相应的内容和预防措施。

第六条　学生应当遵守学校的规章制度和纪律；在不同的受教育阶段，应当根据自身的年龄、认知能力和法律行为能力，避免和消除相应的危险。

第七条　未成年学生的父母或者其他监护人(以下称为监护人)应当依法履行监护职责，配合学校对学生进行安全教育、管理和保护工作。

学校对未成年学生不承担监护职责，但法律有规定的或者学校依法接受委托承担相应监护职责的情形除外。

第二章　事故与责任

第八条　学生伤害事故的责任，应当根据相关当事人的行为与损害后果之间的因果关系依法确定。

因学校、学生或者其他相关当事人的过错造成的学生伤害事故，相关当事人应当根据其行为过错程度的比例及其与损害后果之间的因果关系承担相应的责任。当事人的行为是损害后果发生的主要原因，应当承担主要责任；当事人的行为是损害后果发生的非主要原因，承担相应的责任。

第九条　因下列情形之一造成的学生伤害事故，学校应当依法承担相应的责任：

（一）学校的校舍、场地、其他公共设施，以及学校提供给学生使用的学具、教育教学和生活设施、设备不符合国家规定的标准，或者有明显不安全因素的；

（二）学校的安全保卫、消防、设施设备管理等安全管理制度有明显疏漏，或者管理混乱，存在重大安全隐患，而未及时采取措施的；

（三）学校向学生提供的药品、食品、饮用水等不符合国家或者行业的有关标准、要求的；

（四）学校组织学生参加教育教学活动或者校外活动，未对学生进行相应的安全教育，并未在可预见的范围内采取必要的安全措施的；

（五）学校知道教师或者其他工作人员患有不适宜担任教育教学工作的疾病，但未采取必要措施的；

（六）学校违反有关规定，组织或者安排未成年学生从事不宜未成年人参加的劳动、体育运动或者其他活动的；

（七）学生有特异体质或者特定疾病，不宜参加某种教育教学活动，学校知道或者应当知道，但未予以必要的注意的；

（八）学生在校期间突发疾病或者受到伤害，学校发现，但未根据实际情况及时采取相应措施，导致不良后果加重的；

（九）学校教师或者其他工作人员体罚或者变相体罚学生，或者在履行职责过程中违反工作要求、操作规程、职业道德或者其他有关规定的；

（十）学校教师或者其他工作人员在负有组织、管理未成年学生的职责期间，发现学生行为具有危险性，但未进行必要的管理、告诫或者制止的；

（十一）对未成年学生擅自离校等与学生人身安全直接相关的信息，学校发现或者知道，但未及时告知未成年学生的监护人，导致未成年学生因脱离监护人的保护而发生伤害的；

（十二）学校有未依法履行职责的其他情形的。

第十条　学生或者未成年学生监护人由于过错，有下列情形之一，造成学生伤害事故，应当依法承担相应的责任：

（一）学生违反法律法规的规定，违反社会公共行为准则、学校的规章制度或者纪律，实施按其年龄和认知能力应当知道具有危险或者可能危及他人的行为的；

（二）学生行为具有危险性，学校、教师已经告诫、纠正，但学生不听劝阻、拒不改正的；

（三）学生或者其监护人知道学生有特异体质，或者患有特定疾病，但未告知学校的；

（四）未成年学生的身体状况、行为、情绪等有异常情况，监护人知道或者已被学校告知，但未履行相应监护职责的；

（五）学生或者未成年学生监护人有其他过错的。

第十一条　学校安排学生参加活动，因提供场地、设备、交通工具、食品及其他消费与服务的经营者，或者学校以外的活动组织者的过错造成的学生伤害事故，有过错的当事人应当依法承担相应的责任。

第十二条　因下列情形之一造成的学生伤害事故，学校已履行了相应职责，行为并无不当的，无法律责任：

（一）地震、雷击、台风、洪水等不可抗的自然因素造成的；

（二）来自学校外部的突发性、偶发性侵害造成的；

（三）学生有特异体质、特定疾病或者异常心理状态，学校不知道或者难于知道的；

（四）学生自杀、自伤的；

（五）在对抗性或者具有风险性的体育竞赛活动中发生意外伤害的；

（六）其他意外因素造成的。

第十三条　下列情形下发生的造成学生人身损害后果的事故，学校行为并无不当的，不承担事故责任；事故责任应当按有关法律法规或者其他有关规定认定：

（一）在学生自行上学、放学、返校、离校途中发生的；

（二）在学生自行外出或者擅自离校期间发生的；

（三）在放学后、节假日或者假期等学校工作时间以外，学生自行滞留学校或者自行到校发生的；

（四）其他在学校管理职责范围外发生的。

第十四条 因学校教师或者其他工作人员与其职务无关的个人行为，或者因学生、教师及其他个人故意实施的违法犯罪行为，造成学生人身损害的，由致害人依法承担相应的责任。

第三章 事故处理程序

第十五条 发生学生伤害事故，学校应当及时救助受伤害学生，并应当及时告知未成年学生的监护人；有条件的，应当采取紧急救援等方式救助。

第十六条 发生学生伤害事故，情形严重的，学校应当及时向主管教育行政部门及有关部门报告；属于重大伤亡事故的，教育行政部门应当按照有关规定及时向同级人民政府和上一级教育行政部门报告。

第十七条 学校的主管教育行政部门应学校要求或者认为必要，可以指导、协助学校进行事故的处理工作，尽快恢复学校正常的教育教学秩序。

第十八条 发生学生伤害事故，学校与受伤害学生或者学生家长可以通过协商方式解决；双方自愿，可以书面请求主管教育行政部门进行调解。

成年学生或者未成年学生的监护人也可以依法直接提起诉讼。

第十九条 教育行政部门收到调解申请，认为必要的，可以指定专门人员进行调解，并应当在受理申请之日起60日内完成调解。

第二十条 经教育行政部门调解，双方就事故处理达成一致意见的，应当在调解人员的见证下签订调解协议，结束调解；在调解期限内，双方不能达成一致意见，或者调解过程中一方提起诉讼，人民法院已经受理的，应当终止调解。

调解结束或者终止，教育行政部门应当书面通知当事人。

第二十一条 对经调解达成的协议，一方当事人不履行或者反悔的，双方可以依法提起诉讼。

第二十二条 事故处理结束，学校应当将事故处理结果书面报告主管的教育行政部门；重大伤亡事故的处理结果，学校主管的教育行政部门应当向同级人民政府和上一级教育行政部门报告。

第四章　事故损害的赔偿

第二十三条　对发生学生伤害事故负有责任的组织或者个人，应当按照法律法规的有关规定，承担相应的损害赔偿责任。

第二十四条　学生伤害事故赔偿的范围与标准，按照有关行政法规、地方性法规或者最高人民法院司法解释中的有关规定确定。

教育行政部门进行调解时，认为学校有责任的，可以依照有关法律法规及国家有关规定，提出相应的调解方案。

第二十五条　对受伤害学生的伤残程度存在争议的，可以委托当地具有相应鉴定资格的医院或者有关机构，依据国家规定的人体伤残标准进行鉴定。

第二十六条　学校对学生伤害事故负有责任的，根据责任大小，适当予以经济赔偿，但不承担解决户口、住房、就业等与救助受伤害学生、赔偿相应经济损失无直接关系的其他事项。

学校无责任的，如果有条件，可以根据实际情况，本着自愿和可能的原则，对受伤害学生给予适当的帮助。

第二十七条　因学校教师或者其他工作人员在履行职务中的故意或者重大过失造成的学生伤害事故，学校予以赔偿后，可以向有关责任人员追偿。

第二十八条　未成年学生对学生伤害事故负有责任的，由其监护人依法承担相应的赔偿责任。

学生的行为侵害学校教师及其他工作人员以及其他组织、个人的合法权益，造成损失的，成年学生或者未成年学生的监护人应当依法予以赔偿。

第二十九条　根据双方达成的协议、经调解形成的协议或者人民法院的生效判决，应当由学校负担的赔偿金，学校应当负责筹措；学校无力完全筹措的，由学校的主管部门或者举办者协助筹措。

第三十条　县级以上人民政府教育行政部门或者学校举办者有条件的，可以通过设立学生伤害赔偿准备金等多种形式，依法筹措伤害赔偿金。

第三十一条　学校有条件的，应当依据保险法的有关规定，参加学校责任保险。

教育行政部门可以根据实际情况，鼓励中小学参加学校责任保险。

提倡学生自愿参加意外伤害保险。在尊重学生意愿的前提下，学校可以为学生参加意外伤害保险创造便利条件，但不得从中收取任何费用。

第五章 事故责任者的处理

第三十二条 发生学生伤害事故，学校负有责任且情节严重的，教育行政部门应当根据有关规定，对学校的直接负责的主管人员和其他直接责任人员，分别给予相应的行政处分；有关责任人的行为触犯刑律的，应当移送司法机关依法追究刑事责任。

第三十三条 学校管理混乱，存在重大安全隐患的，主管的教育行政部门或者其他有关部门应当责令其限期整顿；对情节严重或者拒不改正的，应当依据法律法规的有关规定，给予相应的行政处罚。

第三十四条 教育行政部门未履行相应职责，对学生伤害事故的发生负有责任的，由有关部门对直接负责的主管人员和其他直接责任人员分别给予相应的行政处分；有关责任人的行为触犯刑律的，应当移送司法机关依法追究刑事责任。

第三十五条 违反学校纪律，对造成学生伤害事故负有责任的学生，学校可以给予相应的处分；触犯刑律的，由司法机关依法追究刑事责任。

第三十六条 受伤害学生的监护人、亲属或者其他有关人员，在事故处理过程中无理取闹，扰乱学校正常教育教学秩序，或者侵犯学校、学校教师或者其他工作人员的合法权益的，学校应当报告公安机关依法处理；造成损失的，可以依法要求赔偿。

第六章 附 则

第三十七条 本办法所称学校，是指国家或者社会力量举办的全日制的中小学(含特殊教育学校)、各类中等职业学校、高等学校。

本办法所称学生是指在上述学校中全日制就读的受教育者。

第三十八条 幼儿园发生的幼儿伤害事故，应当根据幼儿为完全无行为能力人的特点，参照本办法处理。

第三十九条 其他教育机构发生的学生伤害事故，参照本办法处理。

在学校注册的其他受教育者在学校管理范围内发生的伤害事故，参照本办法处理。

第四十条 本办法自 2002 年 9 月 1 日起实施，原国家教委、教育部颁布的与学生人身安全事故处理有关的规定，与本办法不符的，以本办法为准。

在本办法实施之前已处理完毕的学生伤害事故不再重新处理。

四、《中华人民共和国治安管理处罚法》

（2005 年 8 月 28 日第十届全国人民代表大会常务委员会第十七次会议通过　根据 2012 年 10 月 26 日第十一届全国人民代表大会常务委员会第二十九次会议《关于修改〈中华人民共和国治安管理处罚法〉的决定》修正）

第一章 总　　则

第一条　为维护社会治安秩序，保障公共安全，保护公民、法人和其他组织的合法权益，规范和保障公安机关及其人民警察依法履行治安管理职责，制定本法。

第二条　扰乱公共秩序，妨害公共安全，侵犯人身权利、财产权利，妨害社会管理，具有社会危害性，依照《中华人民共和国刑法》的规定构成犯罪的，依法追究刑事责任；尚不够刑事处罚的，由公安机关依照本法给予治安管理处罚。

第三条　治安管理处罚的程序，适用本法的规定；本法没有规定的，适用《中华人民共和国行政处罚法》的有关规定。

第四条　在中华人民共和国领域内发生的违反治安管理行为，除法律有特别规定的外，适用本法。

在中华人民共和国船舶和航空器内发生的违反治安管理行为，除法律有特别规定的外，适用本法。

第五条　治安管理处罚必须以事实为依据，与违反治安管理行为的性质、情节以及社会危害程度相当。

实施治安管理处罚，应当公开、公正，尊重和保障人权，保护公民的人格尊严。

办理治安案件应当坚持教育与处罚相结合的原则。

第六条　各级人民政府应当加强社会治安综合治理，采取有效措施，化解社会矛盾，增进社会和谐，维护社会稳定。

第七条　国务院公安部门负责全国的治安管理工作。县级以上地方各级人民政府公安机关负责本行政区域内的治安管理工作。

治安案件的管辖由国务院公安部门规定。

第八条 违反治安管理的行为对他人造成损害的，行为人或者其监护人应当依法承担民事责任。

第九条 对于因民间纠纷引起的打架斗殴或者损毁他人财物等违反治安管理行为，情节较轻的，公安机关可以调解处理。经公安机关调解，当事人达成协议的，不予处罚。经调解未达成协议或者达成协议后不履行的，公安机关应当依照本法的规定对违反治安管理行为人给予处罚，并告知当事人可以就民事争议依法向人民法院提起民事诉讼。

第二章 处罚的种类和适用

第十条 治安管理处罚的种类分为：

（一）警告；

（二）罚款；

（三）行政拘留；

（四）吊销公安机关发放的许可证。

对违反治安管理的外国人，可以附加适用限期出境或者驱逐出境。

第十一条 办理治安案件所查获的毒品、淫秽物品等违禁品，赌具、赌资，吸食、注射毒品的用具以及直接用于实施违反治安管理行为的本人所有的工具，应当收缴，按照规定处理。

违反治安管理所得的财物，追缴退还被侵害人；没有被侵害人的，登记造册，公开拍卖或者按照国家有关规定处理，所得款项上缴国库。

第十二条 已满十四周岁不满十八周岁的人违反治安管理的，从轻或者减轻处罚；不满十四周岁的人违反治安管理的，不予处罚，但是应当责令其监护人严加管教。

第十三条 精神病人在不能辨认或者不能控制自己行为的时候违反治安管理的，不予处罚，但是应当责令其监护人严加看管和治疗。间歇性的精神病人在精神正常的时候违反治安管理的，应当给予处罚。

第十四条 盲人或者又聋又哑的人违反治安管理的，可以从轻、减轻或者不予处罚。

第十五条 醉酒的人违反治安管理的，应当给予处罚。

醉酒的人在醉酒状态中，对本人有危险或者对他人的人身、财产或者公共安全有威胁的，应当对其采取保护性措施约束至酒醒。

第十六条　有两种以上违反治安管理行为的，分别决定，合并执行。行政拘留处罚合并执行的，最长不超过二十日。

第十七条　共同违反治安管理的，根据违反治安管理行为人在违反治安管理行为中所起的作用，分别处罚。

教唆、胁迫、诱骗他人违反治安管理的，按照其教唆、胁迫、诱骗的行为处罚。

第十八条　单位违反治安管理的，对其直接负责的主管人员和其他直接责任人员依照本法的规定处罚。其他法律、行政法规对同一行为规定给予单位处罚的，依照其规定处罚。

第十九条　违反治安管理有下列情形之一的，减轻处罚或者不予处罚：

（一）情节特别轻微的；

（二）主动消除或者减轻违法后果，并取得被侵害人谅解的；

（三）出于他人胁迫或者诱骗的；

（四）主动投案，向公安机关如实陈述自己的违法行为的；

（五）有立功表现的。

第二十条　违反治安管理有下列情形之一的，从重处罚：

（一）有较严重后果的；

（二）教唆、胁迫、诱骗他人违反治安管理的；

（三）对报案人、控告人、举报人、证人打击报复的；

（四）六个月内曾受过治安管理处罚的。

第二十一条　违反治安管理行为人有下列情形之一，依照本法应当给予行政拘留处罚的，不执行行政拘留处罚：

（一）已满十四周岁不满十六周岁的；

（二）已满十六周岁不满十八周岁，初次违反治安管理的；

（三）七十周岁以上的；

（四）怀孕或者哺乳自己不满一周岁婴儿的。

第二十二条　违反治安管理行为在六个月内没有被公安机关发现的，不再处罚。

前款规定的期限，从违反治安管理行为发生之日起计算；违反治安管理行为有连续或者继续状态的，从行为终了之日起计算。

第三章 违反治安管理的行为和处罚

第一节 扰乱公共秩序的行为和处罚

第二十三条 有下列行为之一的,处警告或者二百元以下罚款;情节较重的,处五日以上十日以下拘留,可以并处五百元以下罚款:

(一)扰乱机关、团体、企业、事业单位秩序,致使工作、生产、营业、医疗、教学、科研不能正常进行,尚未造成严重损失的;

(二)扰乱车站、港口、码头、机场、商场、公园、展览馆或者其他公共场所秩序的;

(三)扰乱公共汽车、电车、火车、船舶、航空器或者其他公共交通工具上的秩序的;

(四)非法拦截或者强登、扒乘机动车、船舶、航空器以及其他交通工具,影响交通工具正常行驶的;

(五)破坏依法进行的选举秩序的。

聚众实施前款行为的,对首要分子处十日以上十五日以下拘留,可以并处一千元以下罚款。

第二十四条 有下列行为之一,扰乱文化、体育等大型群众性活动秩序的,处警告或者二百元以下罚款;情节严重的,处五日以上十日以下拘留,可以并处五百元以下罚款:

(一)强行进入场内的;

(二)违反规定,在场内燃放烟花爆竹或者其他物品的;

(三)展示侮辱性标语、条幅等物品的;

(四)围攻裁判员、运动员或者其他工作人员的;

(五)向场内投掷杂物,不听制止的;

(六)扰乱大型群众性活动秩序的其他行为。

因扰乱体育比赛秩序被处以拘留处罚的,可以同时责令其十二个月内不得进入体育场馆观看同类比赛;违反规定进入体育场馆的,强行带离现场。

第二十五条 有下列行为之一的,处五日以上十日以下拘留,可以并处五百元以下罚款;情节较轻的,处五日以下拘留或者五百元以下罚款:

(一)散布谣言,谎报险情、疫情、警情或者以其他方法故意扰乱公共秩序的;

（二）投放虚假的爆炸性、毒害性、放射性、腐蚀性物质或者传染病病原体等危险物质扰乱公共秩序的；

（三）扬言实施放火、爆炸、投放危险物质扰乱公共秩序的。

第二十六条　有下列行为之一的，处五日以上十日以下拘留，可以并处五百元以下罚款；情节较重的，处十日以上十五日以下拘留，可以并处一千元以下罚款：

（一）结伙斗殴的；

（二）追逐、拦截他人的；

（三）强拿硬要或者任意损毁、占用公私财物的；

（四）其他寻衅滋事行为。

第二十七条　有下列行为之一的，处十日以上十五日以下拘留，可以并处一千元以下罚款；情节较轻的，处五日以上十日以下拘留，可以并处五百元以下罚款：

（一）组织、教唆、胁迫、诱骗、煽动他人从事邪教、会道门活动或者利用邪教、会道门、迷信活动，扰乱社会秩序、损害他人身体健康的；

（二）冒用宗教、气功名义进行扰乱社会秩序、损害他人身体健康活动的。

第二十八条　违反国家规定，故意干扰无线电业务正常进行的，或者对正常运行的无线电台(站)产生有害干扰，经有关主管部门指出后，拒不采取有效措施消除的，处五日以上十日以下拘留；情节严重的，处十日以上十五日以下拘留。

第二十九条　有下列行为之一的，处五日以下拘留；情节较重的，处五日以上十日以下拘留：

（一）违反国家规定，侵入计算机信息系统，造成危害的；

（二）违反国家规定，对计算机信息系统功能进行删除、修改、增加、干扰，造成计算机信息系统不能正常运行的；

（三）违反国家规定，对计算机信息系统中存储、处理、传输的数据和应用程序进行删除、修改、增加的；

（四）故意制作、传播计算机病毒等破坏性程序，影响计算机信息系统正常运行的。

第二节　妨害公共安全的行为和处罚

第三十条　违反国家规定，制造、买卖、储存、运输、邮寄、携带、使用、提供、处置爆炸性、毒害性、放射性、腐蚀性物质或者传染病病原体等危险物质的，处十日以上十五日以下拘留；情节较轻的，处五日以上十日以下拘留。

第三十一条　爆炸性、毒害性、放射性、腐蚀性物质或者传染病病原体等危险物质被盗、被抢或者丢失，未按规定报告的，处五日以下拘留；故意隐瞒不报的，处五日以上十日以下拘留。

第三十二条 非法携带枪支、弹药或者弩、匕首等国家规定的管制器具的，处五日以下拘留，可以并处五百元以下罚款；情节较轻的，处警告或者二百元以下罚款。

非法携带枪支、弹药或者弩、匕首等国家规定的管制器具进入公共场所或者公共交通工具的，处五日以上十日以下拘留，可以并处五百元以下罚款。

第三十三条 有下列行为之一的，处十日以上十五日以下拘留：

（一）盗窃、损毁油气管道设施、电力电信设施、广播电视设施、水利防汛工程设施或者水文监测、测量、气象测报、环境监测、地质监测、地震监测等公共设施的；

（二）移动、损毁国家边境的界碑、界桩以及其他边境标志、边境设施或者领土、领海标志设施的；

（三）非法进行影响国（边）界线走向的活动或者修建有碍国（边）境管理的设施的。

第三十四条 盗窃、损坏、擅自移动使用中的航空设施，或者强行进入航空器驾驶舱的，处十日以上十五日以下拘留。

在使用中的航空器上使用可能影响导航系统正常功能的器具、工具，不听劝阻的，处五日以下拘留或者五百元以下罚款。

第三十五条 有下列行为之一的，处五日以上十日以下拘留，可以并处五百元以下罚款；情节较轻的，处五日以下拘留或者五百元以下罚款：

（一）盗窃、损毁或者擅自移动铁路设施、设备、机车车辆配件或者安全标志的；

（二）在铁路线路上放置障碍物，或者故意向列车投掷物品的；

（三）在铁路线路、桥梁、涵洞处挖掘坑穴、采石取沙的；

（四）在铁路线路上私设道口或者平交过道的。

第三十六条 擅自进入铁路防护网或者火车来临时在铁路线路上行走坐卧、抢越铁路，影响行车安全的，处警告或者二百元以下罚款。

第三十七条 有下列行为之一的，处五日以下拘留或者五百元以下罚款；情节严重的，处五日以上十日以下拘留，可以并处五百元以下罚款：

（一）未经批准，安装、使用电网的，或者安装、使用电网不符合安全规定的；

（二）在车辆、行人通行的地方施工，对沟井坎穴不设覆盖物、防围和警示标志的，或者故意损毁、移动覆盖物、防围和警示标志的；

（三）盗窃、损毁路面井盖、照明等公共设施的。

第三十八条 举办文化、体育等大型群众性活动，违反有关规定，有发生安全事故危险的，责令停止活动，立即疏散；对组织者处五日以上十日以下拘留，并处二百元以上五百元以下罚款；情节较轻的，处五日以下拘留或者五百元以下罚款。

第三十九条　旅馆、饭店、影剧院、娱乐场、运动场、展览馆或者其他供社会公众活动的场所的经营管理人员，违反安全规定，致使该场所有发生安全事故危险，经公安机关责令改正，拒不改正的，处五日以下拘留。

第三节　侵犯人身权利、财产权利的行为和处罚

第四十条　有下列行为之一的，处十日以上十五日以下拘留，并处五百元以上一千元以下罚款；情节较轻的，处五日以上十日以下拘留，并处二百元以上五百元以下罚款：

（一）组织、胁迫、诱骗不满十六周岁的人或者残疾人进行恐怖、残忍表演的；

（二）以暴力、威胁或者其他手段强迫他人劳动的；

（三）非法限制他人人身自由、非法侵入他人住宅或者非法搜查他人身体的。

第四十一条　胁迫、诱骗或者利用他人乞讨的，处十日以上十五日以下拘留，可以并处一千元以下罚款。

反复纠缠、强行讨要或者以其他滋扰他人的方式乞讨的，处五日以下拘留或者警告。

第四十二条　有下列行为之一的，处五日以下拘留或者五百元以下罚款；情节较重的，处五日以上十日以下拘留，可以并处五百元以下罚款：

（一）写恐吓信或者以其他方法威胁他人人身安全的；

（二）公然侮辱他人或者捏造事实诽谤他人的；

（三）捏造事实诬告陷害他人，企图使他人受到刑事追究或者受到治安管理处罚的；

（四）对证人及其近亲属进行威胁、侮辱、殴打或者打击报复的；

（五）多次发送淫秽、侮辱、恐吓或者其他信息，干扰他人正常生活的；

（六）偷窥、偷拍、窃听、散布他人隐私的。

第四十三条　殴打他人的，或者故意伤害他人身体的，处五日以上十日以下拘留，并处二百元以上五百元以下罚款；情节较轻的，处五日以下拘留或者五百元以下罚款。

有下列情形之一的，处十日以上十五日以下拘留，并处五百元以上一千元以下罚款：

（一）结伙殴打、伤害他人的；

（二）殴打、伤害残疾人、孕妇、不满十四周岁的人或者六十周岁以上的人的；

（三）多次殴打、伤害他人或者一次殴打、伤害多人的。

第四十四条　猥亵他人的，或者在公共场所故意裸露身体，情节恶劣的，处五日以上十日以下拘留；猥亵智力残疾人、精神病人、不满十四周岁的人或者有其他严重

情节的，处十日以上十五日以下拘留。

第四十五条 有下列行为之一的，处五日以下拘留或者警告：

（一）虐待家庭成员，被虐待人要求处理的；

（二）遗弃没有独立生活能力的被扶养人的。

第四十六条 强买强卖商品，强迫他人提供服务或者强迫他人接受服务的，处五日以上十日以下拘留，并处二百元以上五百元以下罚款；情节较轻的，处五日以下拘留或者五百元以下罚款。

第四十七条 煽动民族仇恨、民族歧视，或者在出版物、计算机信息网络中刊载民族歧视、侮辱内容的，处十日以上十五日以下拘留，可以并处一千元以下罚款。

第四十八条 冒领、隐匿、毁弃、私自开拆或者非法检查他人邮件的，处五日以下拘留或者五百元以下罚款。

第四十九条 盗窃、诈骗、哄抢、抢夺、敲诈勒索或者故意损毁公私财物的，处五日以上十日以下拘留，可以并处五百元以下罚款；情节较重的，处十日以上十五日以下拘留，可以并处一千元以下罚款。

第四节 妨害社会管理的行为和处罚

第五十条 有下列行为之一的，处警告或者二百元以下罚款；情节严重的，处五日以上十日以下拘留，可以并处五百元以下罚款：

（一）拒不执行人民政府在紧急状态情况下依法发布的决定、命令的；

（二）阻碍国家机关工作人员依法执行职务的；

（三）阻碍执行紧急任务的消防车、救护车、工程抢险车、警车等车辆通行的；

（四）强行冲闯公安机关设置的警戒带、警戒区的。

阻碍人民警察依法执行职务的，从重处罚。

第五十一条 冒充国家机关工作人员或者以其他虚假身份招摇撞骗的，处五日以上十日以下拘留，可以并处五百元以下罚款；情节较轻的，处五日以下拘留或者五百元以下罚款。

冒充军警人员招摇撞骗的，从重处罚。

第五十二条 有下列行为之一的，处十日以上十五日以下拘留，可以并处一千元以下罚款；情节较轻的，处五日以上十日以下拘留，可以并处五百元以下罚款：

（一）伪造、变造或者买卖国家机关、人民团体、企业、事业单位或者其他组织的公文、证件、证明文件、印章的；

（二）买卖或者使用伪造、变造的国家机关、人民团体、企业、事业单位或者其他组织的公文、证件、证明文件的；

（三）伪造、变造、倒卖车票、船票、航空客票、文艺演出票、体育比赛入场券或者其他有价票证、凭证的；

（四）伪造、变造船舶户牌，买卖或者使用伪造、变造的船舶户牌，或者涂改船舶发动机号码的。

第五十三条　船舶擅自进入、停靠国家禁止、限制进入的水域或者岛屿的，对船舶负责人及有关责任人员处五百元以上一千元以下罚款；情节严重的，处五日以下拘留，并处五百元以上一千元以下罚款。

第五十四条　有下列行为之一的，处十日以上十五日以下拘留，并处五百元以上一千元以下罚款；情节较轻的，处五日以下拘留或者五百元以下罚款：

（一）违反国家规定，未经注册登记，以社会团体名义进行活动，被取缔后，仍进行活动的；

（二）被依法撤销登记的社会团体，仍以社会团体名义进行活动的；

（三）未经许可，擅自经营按照国家规定需要由公安机关许可的行业的。

有前款第三项行为的，予以取缔。

取得公安机关许可的经营者，违反国家有关管理规定，情节严重的，公安机关可以吊销许可证。

第五十五条　煽动、策划非法集会、游行、示威，不听劝阻的，处十日以上十五日以下拘留。

第五十六条　旅馆业的工作人员对住宿的旅客不按规定登记姓名、身份证件种类和号码的，或者明知住宿的旅客将危险物质带入旅馆，不予制止的，处二百元以上五百元以下罚款。

旅馆业的工作人员明知住宿的旅客是犯罪嫌疑人员或者被公安机关通缉的人员，不向公安机关报告的，处二百元以上五百元以下罚款；情节严重的，处五日以下拘留，可以并处五百元以下罚款。

第五十七条　房屋出租人将房屋出租给无身份证件的人居住的，或者不按规定登记承租人姓名、身份证件种类和号码的，处二百元以上五百元以下罚款。

房屋出租人明知承租人利用出租房屋进行犯罪活动，不向公安机关报告的，处二百元以上五百元以下罚款；情节严重的，处五日以下拘留，可以并处五百元以下罚款。

第五十八条　违反关于社会生活噪声污染防治的法律规定，制造噪声干扰他人正常生活的，处警告；警告后不改正的，处二百元以上五百元以下罚款。

第五十九条　有下列行为之一的，处五百元以上一千元以下罚款；情节严重的，处五日以上十日以下拘留，并处五百元以上一千元以下罚款：

（一）典当业工作人员承接典当的物品，不查验有关证明、不履行登记手续，或者明知是违法犯罪嫌疑人、赃物，不向公安机关报告的；

（二）违反国家规定，收购铁路、油田、供电、电信、矿山、水利、测量和城市公用设施等废旧专用器材的；

（三）收购公安机关通报寻查的赃物或者有赃物嫌疑的物品的；

（四）收购国家禁止收购的其他物品的。

第六十条 有下列行为之一的，处五日以上十日以下拘留，并处二百元以上五百元以下罚款：

（一）隐藏、转移、变卖或者损毁行政执法机关依法扣押、查封、冻结的财物的；

（二）伪造、隐匿、毁灭证据或者提供虚假证言、谎报案情，影响行政执法机关依法办案的；

（三）明知是赃物而窝藏、转移或者代为销售的；

（四）被依法执行管制、剥夺政治权利或者在缓刑、暂予监外执行中的罪犯或者被依法采取刑事强制措施的人，有违反法律、行政法规或者国务院有关部门的监督管理规定的行为。

第六十一条 协助组织或者运送他人偷越国（边）境的，处十日以上十五日以下拘留，并处一千元以上五千元以下罚款。

第六十二条 为偷越国（边）境人员提供条件的，处五日以上十日以下拘留，并处五百元以上二千元以下罚款。

偷越国（边）境的，处五日以下拘留或者五百元以下罚款。

第六十三条 有下列行为之一的，处警告或者二百元以下罚款；情节较重的，处五日以上十日以下拘留，并处二百元以上五百元以下罚款：

（一）刻划、涂污或者以其他方式故意损坏国家保护的文物、名胜古迹的；

（二）违反国家规定，在文物保护单位附近进行爆破、挖掘等活动，危及文物安全的。

第六十四条 有下列行为之一的，处五百元以上一千元以下罚款；情节严重的，处十日以上十五日以下拘留，并处五百元以上一千元以下罚款：

（一）偷开他人机动车的；

（二）未取得驾驶证驾驶或者偷开他人航空器、机动船舶的。

第六十五条 有下列行为之一的，处五日以上十日以下拘留；情节严重的，处十日以上十五日以下拘留，可以并处一千元以下罚款：

（一）故意破坏、污损他人坟墓或者毁坏、丢弃他人尸骨、骨灰的；

（二）在公共场所停放尸体或者因停放尸体影响他人正常生活、工作秩序，不听劝阻的。

第六十六条　卖淫、嫖娼的，处十日以上十五日以下拘留，可以并处五千元以下罚款；情节较轻的，处五日以下拘留或者五百元以下罚款。

在公共场所拉客招嫖的，处五日以下拘留或者五百元以下罚款。

第六十七条　引诱、容留、介绍他人卖淫的，处十日以上十五日以下拘留，可以并处五千元以下罚款；情节较轻的，处五日以下拘留或者五百元以下罚款。

第六十八条　制作、运输、复制、出售、出租淫秽的书刊、图片、影片、音像制品等淫秽物品或者利用计算机信息网络、电话以及其他通信工具传播淫秽信息的，处十日以上十五日以下拘留，可以并处三千元以下罚款；情节较轻的，处五日以下拘留或者五百元以下罚款。

第六十九条　有下列行为之一的，处十日以上十五日以下拘留，并处五百元以上一千元以下罚款：

（一）组织播放淫秽音像的；

（二）组织或者进行淫秽表演的；

（三）参与聚众淫乱活动的。

明知他人从事前款活动，为其提供条件的，依照前款的规定处罚。

第七十条　以营利为目的，为赌博提供条件的，或者参与赌博赌资较大的，处五日以下拘留或者五百元以下罚款；情节严重的，处十日以上十五日以下拘留，并处五百元以上三千元以下罚款。

第七十一条　有下列行为之一的，处十日以上十五日以下拘留，可以并处三千元以下罚款；情节较轻的，处五日以下拘留或者五百元以下罚款：

（一）非法种植罂粟不满五百株或者其他少量毒品原植物的；

（二）非法买卖、运输、携带、持有少量未经灭活的罂粟等毒品原植物种子或者幼苗的；

（三）非法运输、买卖、储存、使用少量罂粟壳的。

有前款第一项行为，在成熟前自行铲除的，不予处罚。

第七十二条　有下列行为之一的，处十日以上十五日以下拘留，可以并处二千元以下罚款；情节较轻的，处五日以下拘留或者五百元以下罚款：

（一）非法持有鸦片不满二百克、海洛因或者甲基苯丙胺不满十克或者其他少量毒品的；

（二）向他人提供毒品的；

（三）吸食、注射毒品的；

（四）胁迫、欺骗医务人员开具麻醉药品、精神药品的。

第七十三条　教唆、引诱、欺骗他人吸食、注射毒品的，处十日以上十五日以下拘留，并处五百元以上二千元以下罚款。

第七十四条　旅馆业、饮食服务业、文化娱乐业、出租汽车业等单位的人员，在公安机关查处吸毒、赌博、卖淫、嫖娼活动时，为违法犯罪行为人通风报信的，处十日以上十五日以下拘留。

第七十五条　饲养动物，干扰他人正常生活的，处警告；警告后不改正的，或者放任动物恐吓他人的，处二百元以上五百元以下罚款。

驱使动物伤害他人的，依照本法第四十三条第一款的规定处罚。

第七十六条　有本法第六十七条、第六十八条、第七十条的行为，屡教不改的，可以按照国家规定采取强制性教育措施。

第四章　处　罚　程　序

第一节　调　　查

第七十七条　公安机关对报案、控告、举报或者违反治安管理行为人主动投案，以及其他行政主管部门、司法机关移送的违反治安管理案件，应当及时受理，并进行登记。

第七十八条　公安机关受理报案、控告、举报、投案后，认为属于违反治安管理行为的，应当立即进行调查；认为不属于违反治安管理行为的，应当告知报案人、控告人、举报人、投案人，并说明理由。

第七十九条　公安机关及其人民警察对治安案件的调查，应当依法进行。严禁刑讯逼供或者采用威胁、引诱、欺骗等非法手段搜集证据。

以非法手段收集的证据不得作为处罚的根据。

第八十条　公安机关及其人民警察在办理治安案件时，对涉及的国家秘密、商业秘密或者个人隐私，应当予以保密。

第八十一条　人民警察在办理治安案件过程中，遇有下列情形之一的，应当回避；违反治安管理行为人、被侵害人或者其法定代理人也有权要求他们回避：

（一）是本案当事人或者当事人的近亲属的；

（二）本人或者其近亲属与本案有利害关系的；

（三）与本案当事人有其他关系，可能影响案件公正处理的。

人民警察的回避，由其所属的公安机关决定；公安机关负责人的回避，由上一级公安机关决定。

第八十二条　需要传唤违反治安管理行为人接受调查的，经公安机关办案部门负责人批准，使用传唤证传唤。对现场发现的违反治安管理行为人，人民警察经出示工作证件，可以口头传唤，但应当在询问笔录中注明。

公安机关应当将传唤的原因和依据告知被传唤人。对无正当理由不接受传唤或者逃避传唤的人，可以强制传唤。

第八十三条　对违反治安管理行为人，公安机关传唤后应当及时询问查证，询问查证的时间不得超过八小时；情况复杂，依照本法规定可能适用行政拘留处罚的，询问查证的时间不得超过二十四小时。

公安机关应当及时将传唤的原因和处所通知被传唤人家属。

第八十四条　询问笔录应当交被询问人核对；对没有阅读能力的，应当向其宣读。记载有遗漏或者差错的，被询问人可以提出补充或者更正。被询问人确认笔录无误后，应当签名或者盖章，询问的人民警察也应当在笔录上签名。

被询问人要求就被询问事项自行提供书面材料的，应当准许；必要时，人民警察也可以要求被询问人自行书写。

询问不满十六周岁的违反治安管理行为人，应当通知其父母或者其他监护人到场。

第八十五条　人民警察询问被侵害人或者其他证人，可以到其所在单位或者住处进行；必要时，也可以通知其到公安机关提供证言。

人民警察在公安机关以外询问被侵害人或者其他证人，应当出示工作证件。

询问被侵害人或者其他证人，同时适用本法第八十四条的规定。

第八十六条　询问聋哑的违反治安管理行为人、被侵害人或者其他证人，应当有通晓手语的人提供帮助，并在笔录上注明。

询问不通晓当地通用的语言文字的违反治安管理行为人、被侵害人或者其他证人，应当配备翻译人员，并在笔录上注明。

第八十七条　公安机关对与违反治安管理行为有关的场所、物品、人身可以进行检查。检查时，人民警察不得少于二人，并应当出示工作证件和县级以上人民政府公安机关开具的检查证明文件。对确有必要立即进行检查的，人民警察经出示工作证件，可以当场检查，但检查公民住所应当出示县级以上人民政府公安机关开具的检查证明文件。

检查妇女的身体，应当由女性工作人员进行。

第八十八条 检查的情况应当制作检查笔录，由检查人、被检查人和见证人签名或者盖章；被检查人拒绝签名的，人民警察应当在笔录上注明。

第八十九条 公安机关办理治安案件，对与案件有关的需要作为证据的物品，可以扣押；对被侵害人或者善意第三人合法占有的财产，不得扣押，应当予以登记。对与案件无关的物品，不得扣押。

对扣押的物品，应当会同在场见证人和被扣押物品持有人查点清楚，当场开列清单一式二份，由调查人员、见证人和持有人签名或者盖章，一份交给持有人，另一份附卷备查。

对扣押的物品，应当妥善保管，不得挪作他用；对不宜长期保存的物品，按照有关规定处理。经查明与案件无关的，应当及时退还；经核实属于他人合法财产的，应当登记后立即退还；满六个月无人对该财产主张权利或者无法查清权利人的，应当公开拍卖或者按照国家有关规定处理，所得款项上缴国库。

第九十条 为了查明案情，需要解决案件中有争议的专门性问题的，应当指派或者聘请具有专门知识的人员进行鉴定；鉴定人鉴定后，应当写出鉴定意见，并且签名。

第二节 决 定

第九十一条 治安管理处罚由县级以上人民政府公安机关决定；其中警告、五百元以下的罚款可以由公安派出所决定。

第九十二条 对决定给予行政拘留处罚的人，在处罚前已经采取强制措施限制人身自由的时间，应当折抵。限制人身自由一日，折抵行政拘留一日。

第九十三条 公安机关查处治安案件，对没有本人陈述，但其他证据能够证明案件事实的，可以作出治安管理处罚决定。但是，只有本人陈述，没有其他证据证明的，不能作出治安管理处罚决定。

第九十四条 公安机关作出治安管理处罚决定前，应当告知违反治安管理行为人作出治安管理处罚的事实、理由及依据，并告知违反治安管理行为人依法享有的权利。

违反治安管理行为人有权陈述和申辩。公安机关必须充分听取违反治安管理行为人的意见，对违反治安管理行为人提出的事实、理由和证据，应当进行复核；违反治安管理行为人提出的事实、理由或者证据成立的，公安机关应当采纳。

公安机关不得因违反治安管理行为人的陈述、申辩而加重处罚。

第九十五条 治安案件调查结束后，公安机关应当根据不同情况，分别作出以下处理：

（一）确有依法应当给予治安管理处罚的违法行为的，根据情节轻重及具体情况，作出处罚决定；

（二）依法不予处罚的，或者违法事实不能成立的，作出不予处罚决定；

（三）违法行为已涉嫌犯罪的，移送主管机关依法追究刑事责任；

（四）发现违反治安管理行为人有其他违法行为的，在对违反治安管理行为作出处罚决定的同时，通知有关行政主管部门处理。

第九十六条　公安机关作出治安管理处罚决定的，应当制作治安管理处罚决定书。决定书应当载明下列内容：

（一）被处罚人的姓名、性别、年龄、身份证件的名称和号码、住址；

（二）违法事实和证据；

（三）处罚的种类和依据；

（四）处罚的执行方式和期限；

（五）对处罚决定不服，申请行政复议、提起行政诉讼的途径和期限；

（六）作出处罚决定的公安机关的名称和作出决定的日期。

决定书应当由作出处罚决定的公安机关加盖印章。

第九十七条　公安机关应当向被处罚人宣告治安管理处罚决定书，并当场交付被处罚人；无法当场向被处罚人宣告的，应当在二日内送达被处罚人。决定给予行政拘留处罚的，应当及时通知被处罚人的家属。

有被侵害人的，公安机关应当将决定书副本抄送被侵害人。

第九十八条　公安机关作出吊销许可证以及处二千元以上罚款的治安管理处罚决定前，应当告知违反治安管理行为人有权要求举行听证；违反治安管理行为人要求听证的，公安机关应当及时依法举行听证。

第九十九条　公安机关办理治安案件的期限，自受理之日起不得超过三十日；案情重大、复杂的，经上一级公安机关批准，可以延长三十日。

为了查明案情进行鉴定的期间，不计入办理治安案件的期限。

第一百条　违反治安管理行为事实清楚，证据确凿，处警告或者二百元以下罚款的，可以当场作出治安管理处罚决定。

第一百零一条　当场作出治安管理处罚决定的，人民警察应当向违反治安管理行为人出示工作证件，并填写处罚决定书。处罚决定书应当当场交付被处罚人；有被侵害人的，并将决定书副本抄送被侵害人。

前款规定的处罚决定书，应当载明被处罚人的姓名、违法行为、处罚依据、罚款数额、时间、地点以及公安机关名称，并由经办的人民警察签名或者盖章。

当场作出治安管理处罚决定的，经办的人民警察应当在二十四小时内报所属公安机关备案。

第一百零二条 被处罚人对治安管理处罚决定不服的，可以依法申请行政复议或者提起行政诉讼。

<h2 align="center">第三节 执 行</h2>

第一百零三条 对被决定给予行政拘留处罚的人，由作出决定的公安机关送达拘留所执行。

第一百零四条 受到罚款处罚的人应当自收到处罚决定书之日起十五日内，到指定的银行缴纳罚款。但是，有下列情形之一的，人民警察可以当场收缴罚款：

（一）被处五十元以下罚款，被处罚人对罚款无异议的；

（二）在边远、水上、交通不便地区，公安机关及其人民警察依照本法的规定作出罚款决定后，被处罚人向指定的银行缴纳罚款确有困难，经被处罚人提出的；

（三）被处罚人在当地没有固定住所，不当场收缴事后难以执行的。

第一百零五条 人民警察当场收缴的罚款，应当自收缴罚款之日起二日内，交至所属的公安机关；在水上、旅客列车上当场收缴的罚款，应当自抵岸或者到站之日起二日内，交至所属的公安机关；公安机关应当自收到罚款之日起二日内将罚款缴付指定的银行。

第一百零六条 人民警察当场收缴罚款的，应当向被处罚人出具省、自治区、直辖市人民政府财政部门统一制发的罚款收据；不出具统一制发的罚款收据的，被处罚人有权拒绝缴纳罚款。

第一百零七条 被处罚人不服行政拘留处罚决定，申请行政复议、提起行政诉讼的，可以向公安机关提出暂缓执行行政拘留的申请。公安机关认为暂缓执行行政拘留不致发生社会危险，由被处罚人或者其近亲属提出符合本法第一百零八条规定条件的担保人，或者按每日行政拘留二百元的标准交纳保证金，行政拘留的处罚决定暂缓执行。

第一百零八条 担保人应当符合下列条件：

（一）与本案无牵连；

（二）享有政治权利，人身自由未受到限制；

（三）在当地有常住户口和固定住所；

（四）有能力履行担保义务。

第一百零九条 担保人应当保证被担保人不逃避行政拘留处罚的执行。

担保人不履行担保义务，致使被担保人逃避行政拘留处罚的执行的，由公安机关对其处三千元以下罚款。

第一百一十条　被决定给予行政拘留处罚的人交纳保证金，暂缓行政拘留后，逃避行政拘留处罚的执行的，保证金予以没收并上缴国库，已经作出的行政拘留决定仍应执行。

第一百一十一条　行政拘留的处罚决定被撤销，或者行政拘留处罚开始执行的，公安机关收取的保证金应当及时退还交纳人。

第五章　执法监督

第一百一十二条　公安机关及其人民警察应当依法、公正、严格、高效办理治安案件，文明执法，不得徇私舞弊。

第一百一十三条　公安机关及其人民警察办理治安案件，禁止对违反治安管理行为人打骂、虐待或者侮辱。

第一百一十四条　公安机关及其人民警察办理治安案件，应当自觉接受社会和公民的监督。

公安机关及其人民警察办理治安案件，不严格执法或者有违法违纪行为的，任何单位和个人都有权向公安机关或者人民检察院、行政监察机关检举、控告；收到检举、控告的机关，应当依据职责及时处理。

第一百一十五条　公安机关依法实施罚款处罚，应当依照有关法律、行政法规的规定，实行罚款决定与罚款收缴分离；收缴的罚款应当全部上缴国库。

第一百一十六条　人民警察办理治安案件，有下列行为之一的，依法给予行政处分；构成犯罪的，依法追究刑事责任：

（一）刑讯逼供、体罚、虐待、侮辱他人的；

（二）超过询问查证的时间限制人身自由的；

（三）不执行罚款决定与罚款收缴分离制度或者不按规定将罚没的财物上缴国库或者依法处理的；

（四）私分、侵占、挪用、故意损毁收缴、扣押的财物的；

（五）违反规定使用或者不及时返还被侵害人财物的；

（六）违反规定不及时退还保证金的；

（七）利用职务上的便利收受他人财物或者谋取其他利益的；

（八）当场收缴罚款不出具罚款收据或者不如实填写罚款数额的；

（九）接到要求制止违反治安管理行为的报警后，不及时出警的；

（十）在查处违反治安管理活动时，为违法犯罪行为人通风报信的；

（十一）有徇私舞弊、滥用职权，不依法履行法定职责的其他情形的。

办理治安案件的公安机关有前款所列行为的，对直接负责的主管人员和其他直接责任人员给予相应的行政处分。

第一百一十七条 公安机关及其人民警察违法行使职权，侵犯公民、法人和其他组织合法权益的，应当赔礼道歉；造成损害的，应当依法承担赔偿责任。

第六章 附 则

第一百一十八条 本法所称以上、以下、以内，包括本数。

第一百一十九条 本法自 2006 年 3 月 1 日起施行。1986 年 9 月 5 日公布、1994 年 5 月 12 日修订公布的《中华人民共和国治安管理处罚条例》同时废止。

附录 练习题参考答案

第 1 章

多选题

1. ABCDEF 2. ABCDEF 3. ABCD 4. ABCD 5. ABCDFE 6. ABC

第 2 章

一、单项选择题

1. B 2. B 3. C 4. A 5. B 6. C 7. B 8. C 9. C

10. B 11. C 12. A 13. B 14. C 15. B 16. A 17. A 18. B

19. B 20. A 21. C 22. A 23. B 24. A 25. A 26. A 27. A

28. A 29. A 30. C

二、多项选择题

1. BC 2. ABCD 3. ABC 4. ABCD 5. ABCD 6. BD

7. ABCD 8. ABCD 9. ABC 10. ABCD 11. ABCD 12. AB

13. ABC 14. BC 15. AB 16. ABC 17. ABC 18. ABC

19. AB 20. ABC

第 3 章

一、单项选择题

1. B 2. A 3. B 4. C 5. A 6. C 7. C 8. B 9. D

10. C 11. A 12. A 13. A 14. B 15. B 16. D 17. D 18. C

19. C 20. D 21. D 22. B 23. C 24. B 25. D 26. A 27. D

28. A   29. B   30. D   31. A   32. B   33. A   34. D   35. A

二、多选题

1. ABD   2. ACD   3. BCD   4. ABD   5. ABCD   6. ABCD

7. ABCD   8. ABC   9. ABC   10. BCD   11. ACD   12. ACD

13. BCD   14. ABD   15. ACD   16. ABD   17. BCD   18. AB

19. ABCD   20. BCD

第 4 章

一、单项选择题

1. C   2. B   3. D   4. A   5. A   6. D

二、多项选择题

1. ABCD   2. ABC   3. ABC   4. ABCDE

第 5 章

多项选择题

1. ABC   2. ABCDE   3. ABC   4. ABCDE   5. ABC   6. ABCD

参 考 文 献

[1]　陈贤忠，汪青松. 新世纪大学生安全教育读本[M]. 合肥：安徽教育出版社，2004.

[2]　李晋东. 大学生安全教育读本[M]. 西安：陕西师范大学出版社，2007.

[3]　黄士力. 大学生安全教育案例评析[M]. 宁波：宁波出版社，2007.

[4]　宋志伟，宫毅. 学生安全教育读本[M]. 北京：高等教育出版社，2006.

[5]　陈露晓，创建和谐校园：学校安全教育读本[M]. 北京：中国社会出版社，2008.

[6]　纪荣顺，王浩. 大学生避险与自救全攻略[M]，山东：山东大学出版社，2008.

[7]　朱亚敏. 校园安全手册[M]. 南京：东南大学出版社，2004.

[8]　椰永华，田文涛. 大学生安全教育读本[M]. 北京：北京理工大学出版社，2010.